2023년 9월 25일 1판 5쇄 **펴냄**
2019년 9월 25일 1판 1쇄 **펴냄**

펴낸곳 (주)효리원
펴낸이 윤종근
글쓴이 HR기획 · **그린이** 손종근
등록 1990년 12월 20일 · **번호** 2-1108
우편 번호 03147
주소 서울시 종로구 삼일대로 457, 406호
전화 02)3675-5222 · **팩스** 02)765-5222

ⓒ 2017 · 2019, (주)효리원

잘못 만들어진 책은 구입하신 서점에서 바꾸어 드립니다.
ISBN 978-89-281-0639-4 74810

이메일 hyoreewon@hyoreewon.com
홈페이지 www.hyoreewon.com

우리나라를 빛낸
100명의 위인 퀴즈 왕

HR기획 글 | 손종근 그림

차 례

제1장 고조선과 삼국 시대를 빛낸 위인을 찾아라!

단군 ········· 12	계백 ········· 32
동명 성왕 ········· 13	태종 무열왕 ········· 34
박혁거세 ········· 14	김유신 ········· 36
온조 ········· 15	연개소문 ········· 37
김수로왕 ········· 17	원효 ········· 38
숨고르기 미로찾기 ········· 18	설총 ········· 39
근초고왕 ········· 20	문무왕 ········· 40
왕인 ········· 21	대조영 ········· 41
광개토 대왕 ········· 22	혜초 ········· 42
장수왕 ········· 25	장보고 ········· 44
진흥왕 ········· 26	궁예 ········· 46
담징 ········· 27	견훤 ········· 47
을지문덕 ········· 28	숨고르기 OX 퀴즈 ········· 48
선덕 여왕 ········· 29	
숨고르기 미로찾기 ········· 30	

제2장 고려 시대를 빛낸 위인을 찾아라!

왕건 …… 52	의천 …… 64
광종 …… 53	일연 …… 65
서희 …… 54	정중부 …… 66
강감찬 …… 56	최영 …… 67
최충 …… 58	최무선 …… 68
윤관 …… 59	문익점 …… 70
김부식 …… 60	공민왕 …… 72
지눌 …… 61	정몽주 …… 73
숨고르기 참, 거짓 퀴즈 …… 62	숨고르기 선으로 연결하기 …… 74

제3장 조선 시대를 빛낸 위인을 찾아라!

이성계 · · · · · · 78	논개 · · · · · · 99
황희 · · · · · · 79	허균 · · · · · · 100
세종 대왕 · · · · · · 80	영조 · · · · · · 101
장영실 · · · · · · 82	박지원 · · · · · · 102
김종서 · · · · · · 84	정조 · · · · · · 103
성삼문 · · · · · · 85	숨고르기 참, 거짓 퀴즈 · · · · · · 104
조광조 · · · · · · 86	김홍도 · · · · · · 106
이황 · · · · · · 87	신윤복 · · · · · · 107
신사임당 · · · · · · 88	정약용 · · · · · · 108
이이 · · · · · · 89	홍경래 · · · · · · 110
숨고르기 가로세로 퍼즐 · · · · · · 90	김대건 · · · · · · 111
사명 대사 · · · · · · 92	김정희 · · · · · · 112
이순신 · · · · · · 94	최제우 · · · · · · 113
권율 · · · · · · 96	김정호 · · · · · · 114
허준 · · · · · · 97	이제마 · · · · · · 116
곽재우 · · · · · · 98	숨고르기 선으로 연결하기 · · · · · · 118

제4장 근현대를 빛낸 위인을 찾아라!

흥선 대원군 ……………… 122	방정환 ……………… 144
명성 황후 ………………… 123	나운규 ……………… 145
김옥균 …………………… 124	서재필 ……………… 146
고종 ……………………… 125	김구 ………………… 147
전봉준 …………………… 126	숨고르기 위인 이름 쓰기 … 148
지석영 …………………… 127	안창호 ……………… 150
장지연 …………………… 128	우장춘 ……………… 152
주시경 …………………… 129	이봉창 ……………… 153
안중근 …………………… 130	윤봉길 ……………… 154
신채호 …………………… 132	안익태 ……………… 155
숨고르기 OX 퀴즈 ……… 134	장기려 ……………… 156
김좌진 …………………… 136	이중섭 ……………… 157
나혜석 …………………… 138	윤동주 ……………… 158
이준 ……………………… 139	백남준 ……………… 159
한용운 …………………… 140	김연아 ……………… 160
유관순 …………………… 142	숨고르기 참, 거짓 퀴즈 … 162
홍난파 …………………… 143	정답 ………………… 164

어린이 여러분, 우리나라를 빛낸 위인을 얼마나 알고 있나요? 그중에서도 교과서에 꼭 등장하는 우리나라 위인과 관련된 중요 역사적 사건을 얼마나 알고 있나요?

이런 질문을 받았을 때 위인에 관해 잘 알지 못하고 있다면 적잖이 당황하겠지요? 하지만 우리나라를 빛낸 위인을 100명쯤 알고 있다면 언제 어디서건 기죽지 않고 당당하게 대답할 수 있을 거예요. 재미있게 학교 수업에 참여할 수 있는 것은 두말할 것도 없고요.

그런데 100명의 위인이라니! 그 많은 위인들을 어떻게 다 알 수 있을까요? 걱정하지 마세요. 쉽고 재미있게 공부하는 방법이 있으니까요. 무조건 이름을 외우고 업적

을 달달 외운다면 지루해서 금방 싫증이 날 거예요. 따라서 눈이 반짝반짝 빛나고 머리가 물렁물렁해지는 공부 방법을 찾아야 한답니다.

『우리나라를 빛낸 100명의 위인 퀴즈왕』은 여러분의 고민을 시원하게 풀어 주는 책이에요. 그림 퀴즈, 미로 찾기, 다른 그림 찾기로 놀이를 하듯 위인을 찾고, 술술 읽으며 OX 퀴즈와 가로세로 퍼즐, 참·거짓 답하기로 역사 상식을 익히다 보면 100명의 위인을 아는 것쯤은 식은 죽 먹기니까요.

교과서에 꼭 나오는 우리나라 위인 100명!
주저 말고 이 책으로 완전 정복하세요!

제1장

고조선과 빛낸 위인을

삼국 시대를 찾아라!

고조선과 삼국 시대에는 어떤 위인이 우리나라를 빛냈을까요?
쉽고 재미있는 그림 퀴즈, 미로 찾기,
다른 그림 찾기와 퍼즐로 고조선과 삼국 시대의
위인을 만나 보세요!

 나는 우리나라 최초의 국가인 고조선을 세웠어요. 나는 누구일까요?

단군 (?~?) 우리 민족의 시조

기원전 2333년 아사달을 도읍으로 정하고 우리나라 최초의 국가인 고조선을 세웠어요. 단군은, 태백산에 내려와 신시를 연 환웅(하늘을 다스리는 신 환인의 아들)이 웅녀(원래 곰인데, 쑥과 마늘만 먹으며 100일을 견뎌 사람이 됨)와 결혼하여 낳았어요.

ⓒ : 군단

 고구려를 세운 사람과 관련 있는 내용만을 골라 미로를 탈출하고, 이름을 말해 보세요.

동명 성왕 (기원전 58~기원전 19) 고구려를 세운 사람

동명 성왕은 알에서 태어났는데, 어릴 적 이름은 '활을 잘 쏘는 사람'이라는 뜻의 '주몽'이었어요. 아버지는 하느님의 아들인 해모수, 어머니는 물의 신인 하백의 딸 유화 부인이에요. 주몽은 졸본(지금의 만주) 지역에 고구려를 세웠어요.

 신라를 세운 사람은 누구일까요?
선을 그으며 사다리를 타면 만날 수 있어요.

| 고구려 | 신라 | 고조선 | 조선 | 고려 |

단군 / 왕건 / 이성계 / 주몽 / 박혁거세

박혁거세 (기원전 69~서기 4년) 신라를 세운 사람

경주의 '나정'이라는 우물에 놓여 있던 알에서 태어났어요. 박처럼 생긴 알에서 태어나 성은 '박', 이름은 '몸에서 나는 빛이 세상을 밝게 한다.'는 뜻의 '혁거세'라고 했어요. 13세 때 경주의 여섯 마을을 합하여 신라를 세우고, 왕이 되었어요.

 나는 **백제를 세운 사람**이에요. 누구일까요?
미로를 빠져나가 만나 보세요.

온조 (?~28년) 백제를 세운 사람

동명 성왕의 셋째 아들이에요. 동명 성왕이 부여에 있을 때 낳은 아들 유리가 동명 성왕을 찾아 고구려로 오자, 자신을 따르는 무리를 이끌고 남쪽으로 내려와 위례성(지금의 하남)에 나라를 세웠어요. 나라 이름은 '십제'라 했다가 뒤에 '백제'로 바꾸었어요.

 # 가야를 세운 사람은 누구일까요?

만화를 잘 보고 ( )안에 이름을 써 보세요. (   )

황금 알 여섯 개!

황금 알에서 태어났으니 성은 '김', 이름은 '수로'라고 합시다! 어때요?

김수로? 좋아요, 좋아!

오호~! 나머지 다섯 알에서도 남자아이들이 태어난다! 놀라워!

정답 : 김수로

김수로왕

(?~199년) 가야를 세운 사람

김해 김씨의 시조. 김해 지역에 있던 가락국(가야)은 부족장이 다스리는 아홉 부족이었어요. 가락국은 알에서 첫 번째로 태어난 아이인 김수로를 임금으로 모셨어요. 나머지 알에서 태어난 아이들도 각각 다섯 가야의 왕이 되었어요.

# 알에서 태어난 사람들이 나라를

세웠어요. 미로를 빠져나가 만나 보세요.

> 나는 백제의 땅을 최고로 넓히고, 백제의 문화를 일본에 전해 준 왕이에요. 누구일까요?

근초고왕 (?~375년) 백제의 13대 왕

백제의 땅을 경기도, 충청도, 전라도, 강원도, 황해도 일부까지 넓히고, 중국의 문물을 받아들여 백제의 문화를 크게 발달시키는 등 백제 최고의 전성기를 이루었어요.

ⓒ : 왕고근

> 백제 학자로 일본에 유교와 한문학을 전했어요. 나와 관련 있는 것을 모두 찾아보세요.

왕	자	기	니	세	단
요	인	서	붉	기	천
황	내	백	상	가	자
며	국	군	금	빛	문
사	교	환	하	북	엉
슈	을	논	어	피	나
게	기	역	시	안	정

왕인 (?~?) 백제 근초고왕 때의 학자

일본 천황의 초청으로 『천자문』 1권과 『논어』 10권을 가지고 일본에 건너가 일본에 한자와 유교를 전했어요. 넓은 학식으로 일본 태자의 스승이 되었어요.

 나는 고구려의 땅을 가장 크게 넓힌 왕이에요.

광개토 대왕 (374~412년) 고구려 제19대 왕

광개토 대왕의 이름은 담덕, 고국양왕의 아들로 18세에 왕이 되었어요. 왕이 되자마자 중국의 연호가 아닌 '영락'이라는 우리나라 최초의 연호를 사용하였어요. 광개토 대왕은 북으로는 중국,

나는 누구일까요? 미로를 빠져나가 만나 보세요.

남으로는 백제·신라·일본에까지 맞서며 힘을 떨쳐 남쪽으로는 한강 유역, 북으로는 만주의 요동 지방까지 차지하였어요. 우리 역사상 가장 넓은 땅을 차지했던 광개토 대왕은 한마디로 정복왕이랍니다.

 고구려 장수왕에 대한 내용이에요.
가로세로 길잡이 글을 읽고
퍼즐을 완성해 보세요.

➡ 가로 길잡이

1 장수왕이 국내성을 버리고 새로 옮긴 도읍지는?
 힌트는 지금의 북한 수도 이름.

2 광개토 대왕을 이어 왕위에 오른 왕. 90세가 넘도록 장수한 왕.

⬇ 세로 길잡이

1 장수왕이 충주 지역을 차지한 것을 기리기 위해 세운 비.
 힌트는 장수왕이 고구려 왕이라는 사실. 충주 ○○○○.

2 돌을 쌓아 만든 고구려의 돌무덤, 광개토 대왕 또는 장수왕의
 무덤으로 여겨짐. ○○총.

3 장수왕이 광개토 대왕의 업적을 기리기 위해 세운 비.
 ○○○ 대왕비.

장수왕 (394~491) 고구려의 전성기를 이룬 왕

광개토 대왕을 이어서 왕이 되었어요. 도읍을 국내성에서 평양으로 옮기고 남하 정책을 펼쳐 고구려의 전성기를 이루었어요. 아버지인 광개토 대왕의 업적을 새긴 광개토 대왕비를 세웠고, 아주 오래도록 살아 '장수왕'이라고 해요.

 나는 신라 진흥왕이에요. 사다리를 타 승리 지역에 세운 기념비와 번호에 ○를 하세요.

진흥왕 (534~576) 신라 제24대 왕

고구려가 차지하고 있던 한강 유역을 빼앗고, 대가야를 공격하여 낙동강 유역도 모두 차지하는 등 신라 역사에서 가장 넓은 땅을 차지했던 왕. 승리 지역을 돌아보며 기념비를 세웠는데, 현재 창녕비, 황초령비, 마운령비, 북한산비, 단양 적성비가 남아 있어요.

 나는 고구려의 승려로 일본 호류사에 금당 벽화를 그렸어요. 나는 누구일까요?

① 원효 대사

② 사명 대사

③ 의천

④ 담징

담징 (579~631) 고구려의 승려. 화가

일본 쇼토쿠 태자의 요청으로 호류사에 머물면서 불교와 오경을 가르쳤어요. 또한 종이, 먹, 맷돌 만드는 법, 그림 그리는 법을 가르쳤고, 호류사의 금당(본존상을 모신 법당)에 벽화도 그렸는데, 이것을 '금당 벽화'라고 불러요.

정답 : ④

 고구려의 장수로, 수나라와 벌인 살수 대첩을 승리로 이끌었어요. 누구인지 ○를 해 보세요.

강	감	찬	김	종	서
계	백	김	춘	추	희
이	순	신	을	장	김
윤	봉	길	지	보	유
연	개	소	문	고	신
최	무	선	덕	권	율

을지문덕 (?~?) 살수 대첩을 승리로 이끈 고구려의 명장

수나라가 113만 대군을 이끌고 고구려를 쳐들어왔을 때 거짓 항복을 하여 수나라 군대가 되돌아가도록 작전을 세웠어요. 그러고는 지친 수나라 군대가 살수(지금의 청천강)를 반쯤 건넜을 때 갑자기 맹공격을 하여 승리하였어요. 이를 '살수 대첩'이라고 해요.

 신라의 선덕 여왕이에요. 왼쪽 그림과 다른 곳 5군데를 오른쪽 그림에서 찾아보세요.

선덕 여왕 (?~647) 신라 제27대 임금

우리나라 최초의 여왕이에요. 어릴 때 이름은 덕만으로 무척 지혜롭고 영특했어요. 어진 정치를 펼친 여왕으로, 별자리를 관측하는 첨성대를 세웠고, 황룡사 9층탑, 영묘사 등을 짓는 등 불교문화를 발달시켰어요.

 위인들마다 한마디씩 하고 있어요.

미로를 빠져나가 누구인지 이름을 써 보세요.

 미로를 탈출하여 황산벌에서 신라와 당나라 연

계백 (?~660년) 백제의 장군

계백은 백제의 마지막 장군이에요. 신라와 당나라 연합군이 백제를 쳐들어오자, 5천여 명의 군사를 이끌고 황산벌(지금의 충청남도 연산)로 나가 싸웠어요. 계백은 싸움터로 나가기 전, 가족들이 적

합군을 맞아 싸운 **백제의 마지막 장군**을 만나 보세요.

에게 잡혀 노비가 되느니 차라리 자신의 손에 죽는 것이 낫다며 아내와 자식의 목을 모두 베었어요. 계백과 백제군은 목숨을 바쳐 신라와 당나라 연합군에 맞서 싸웠지만 끝내 패하고 백제는 멸망하였어요.

 김춘추가 김유신의 여동생인 문희를 처음 만나는

태종 무열왕 (603~661년) 삼국 통일의 기반을 다진 왕

태종 무열왕은 신라 제29대 왕으로, 삼국 통일의 기반을 다진 왕이에요. 이름은 김춘추로, 왕이 되기 전에는 고구려와 중국을 오

장면이에요. 왼쪽 그림과 다른 곳 5군데를 찾아보세요.

가며 외교 활동을 하였어요. 김유신의 여동생인 문희와 결혼하였으며, 왕이 되자 처남인 김유신을 귀족 회의의 대표인 상대등으로 임명하여 왕권을 강화하였어요. 당나라와 함께 백제를 멸망시켰고, 고구려를 칠 준비를 하다 숨을 거두었어요.

나는 신라의 삼국 통일을 이끈 장군이에요.
나는 누구일까요? 번호를 골라 보세요.

김유신 (595~673년) 신라의 장군

대표적인 신라의 장군이에요. 진덕 여왕이 죽은 뒤 김춘추를 왕으로 추대하여 삼국 통일을 이루는 데 힘을 보탰어요. 당나라군과 함께 백제를 멸망시켰고, 조카인 문무왕을 도와 고구려를 멸망시켰어요.

ⓒ : 신유김

 당나라 군사들은 고구려 장군인 내 이름만 들어도 벌벌 떨었어요. 나는 누구일까요?

연개소문 (?~665) 고구려의 장군

고구려 최고 벼슬인 대막리지에 올라 정권을 잡았어요. 당나라의 침입에 대비하여 천리 장성을 쌓았고, 당나라 태종이 17만 대군을 이끌고 고구려를 쳐들어오자 용맹히 싸워 승리하였어요. 이후 당나라 군사들은 연개소문 이름만 들어도 벌벌 떨었어요.

㉠ : 答정

 나는 **불교의 대중화에 앞장선 신라의 승려**입니다. 미로를 빠져나가면 만날 수 있어요.

원효 (617~686) 불교의 대중화에 앞장선 신라의 승려

밤에 목이 말라 마신 물이, 다음 날 아침에 보니 해골에 담긴 물인 것을 알고 구역질을 하다가, '진리는 밖이 아닌 자기 자신에게서 찾아야 한다.'는 깨달음을 얻었어요. 이후 전국을 떠돌며 불교 교리를 쉬운 노래로 전해 주어 신라 불교의 대중화를 가져왔어요.

통일 신라 시대, 이두 문자를 집대성한 나는 누구일까요? 미로를 빠져나가 만나 보세요.

설총 (655~?) 통일 신라 시대의 학자

원효 대사와 태종 무열왕의 딸 요석 공주 사이에서 태어났어요. 유교 경전을 깊이 연구하였으며, 신라의 국립 대학인 국학에서 학생들을 가르쳤어요. 한자의 음과 훈을 빌려 우리말의 발음을 적는 이두 문자를 완성하였으며, 간신을 멀리하라는 『화왕계』를 지었어요.

 죽어서도 왜구의 침입을 막겠다고 한 신라의 왕과 그 왕의 무덤 이름을 찾아 묶어 보세요.

신	김	유	초	대	합
김	이	추	태	추	사
당	문	무	대	왕	릉
나	무	춘	라	연	군
백	왕	삼	격	열	모
제	건	망	꽃	신	말

문무왕 (?~681) 삼국을 통일한 신라 제30대 왕

태종 무열왕(김춘추)의 아들이에요. 당나라 연합군과 함께 백제(660년)와 고구려(668년)를 멸망시키고, 고구려 땅에 있던 당나라 군까지 몰아내 삼국 통일(676년)을 이루었어요. 문무왕의 수중 무덤인 문무 대왕릉(대왕암)은 경주시 감포 앞바다에 있어요.

고구려 멸망 후 고구려의 옛 땅에 나라를 세운 사람과 그 나라 이름을 찾아 묶어 보세요.

백	가	야	고	반	사
거	제	대	구	조	도
신	영	조	려	지	선
라	려	영	한	발	은
고	구	러	나	사	해
말	갈	족	라	쪽	로

대조영 (?~719) 발해를 세운 사람

고구려 멸망 후 당나라에 의해 요하 서쪽으로 끌려가 살던 고구려 사람 가운데 대조영이 동모산(지금의 중국 길림성 동화현)에 발해를 세웠어요. 발해는 고구려의 옛 땅을 대부분 되찾아 250년 동안 '해동성국'(바다 동쪽에 있는 융성한 나라)으로 불리었어요.

 신라 승려 혜초가 인도로 순례를 떠난대요.

혜초 (704~787년) 『왕오천축국전』을 쓴 신라의 승려

당나라에서 불교를 공부하던 중 인도 순례를 떠났어요. 동남아시아를 거쳐 725년에 인도에 도착하여, 석가모니가 깨달음을 얻은

혜초와 함께 미로를 탈출해 볼까요?

성지와 유적지를 돌아보고 729년 다시 당나라로 돌아갔어요. 이후 다섯 천축국(인도를 말함)을 여행하면서 보고 느낀 점을 기록한 『왕오천축국전』을 지었어요.

 장보고가 바다의 해적을 소탕하고 있어요.

장보고 (?~846년) 통일 신라의 장군

어린 시절 당나라로 건너가 무령군 소장이 되었어요. 어느 날, 해적들이 신라 사람들을 잡아와 노비로 파는 것을 보고 분개하여 신라로 돌아왔어요. 장보고는 왕에게 건의하여 청해(지금의 완도)에

그림을 잘 보고 서로 다른 곳 6군데를 찾아보세요.

진을 설치하고, 해적을 소탕하여 바다를 완전히 장악하였어요. 그리고 청해진을 거점으로 신라의 직물과 비단, 금·은 세공품을 수출하고 외국의 향료를 수입하는 등 신라와 중국(당나라), 일본을 잇는 해상 삼국 무역을 펼쳤어요.

 애꾸눈 궁예가 세운 나라는 무엇일까요?
미로를 빠져나가 알아보세요.

궁예 (?~918년) 후고구려를 세운 사람

승려로 생활하던 궁예는 절에서 나와 송악을 수도로 '후고구려'를 세웠어요. 하지만 성질이 포악하고 자신을 미륵불로 모시게 하는 등 기이한 행동으로 백성들의 미움을 샀어요. 그리하여 왕건을 받드는 사람들로부터 왕위에서 쫓겨났어요.

 신라 말 견훤이 백제의 원한을 갚겠다며 세운 나라는 무엇일까요? 미로를 빠져나가 알아보세요.

견훤 (867~936) 후백제를 세운 사람

나라가 혼란한 틈을 타 도적들을 모아 세력을 넓혀 나가다, 완산주(지금의 전주)를 수도로 후백제를 세웠어요. 후백제는 강력하게 성장했지만, 왕위 계승에 불만을 품은 큰아들의 반란으로 혼란을 겪다 고려에 멸망했어요.

 제시된 글을 읽고 맞으면 ○, 틀리면 ×를 ( ) 안에 하세요.

1 황산벌에서 숨을 거둔 계백은 신라의 장군이다 (   )

2 삼국 통일을 이룬 왕은 태종 무열왕이다. (   )

3 김유신은 신라의 삼국 통일을 이끈 장군이다. (   )

4 연개소문은 고구려를 대표하는 용맹한 장군이다. (   )

5 원효 덕분에 신라의 불교는 귀족 불교로 발전하였다.(   )

6 우리나라는 이두 문자를 사용한 적이 전혀 없다. (   )

7 삼국 통일을 이룬 왕은 신라의 문무왕이다. (   )

8 문무왕의 무덤은 지금 전해지지 않는다. (   )

9 발해를 세운 사람은 고구려의 유민 대조영이다. (   )

10 발해는 해동성국으로 불릴 정도로 번영하였다. (   )

정답 : 1.×, 2.○, 3.○, 4.○, 5.×, 6.×, 7.○, 8.×, 9.○, 10.○

📖 제시된 글을 읽고 **맞으면** ○, **틀리면** ×를 ( ) 안에 하세요.

1 백제는 고구려의 공격을 받아 멸망하였다. ( )

2 김춘추는 김유신의 여동생 문희와 결혼하였다. ( )

3 고구려의 최고 벼슬은 막리지였다. ( )

4 원효는 요석 공주와의 사이에서 설총을 낳았다. ( )

5 설총은 『화왕계』를 지어 왕이 간신을 멀리하도록 했다. ( )

6 혜초가 인도를 다녀와 지은 책은 『왕오천축국전』이다. ( )

7 대조영이 세운 나라는 발해가 아니다. ( )

8 청해진을 설치하고 해적을 소탕한 사람은 장보고다. ( )

9 궁예가 송악을 수도로 삼고 세운 나라는 후고구려이다. ( )

10 견훤이 세운 후백제는 신라의 공격으로 멸망하였다. ( )

정답 : 1. ×, 2. ○, 3. ○, 4. ○, 5. ○, 6. ○, 7. ×, 8. ○, 9. ○, 10. ×

제2장

고려 시대를

고려 시대에는 어떤 위인이 우리나라를 빛냈을까요?
쉽고 재미있는 그림 퀴즈, 미로 찾기,
다른 그림 찾기와 퍼즐로 고려 시대의
위인을 만나 보세요!

빛낸 위인을 찾아라!

 나는 고려를 세운 사람입니다.
누구인지 미로를 빠져나가 만나 보세요.

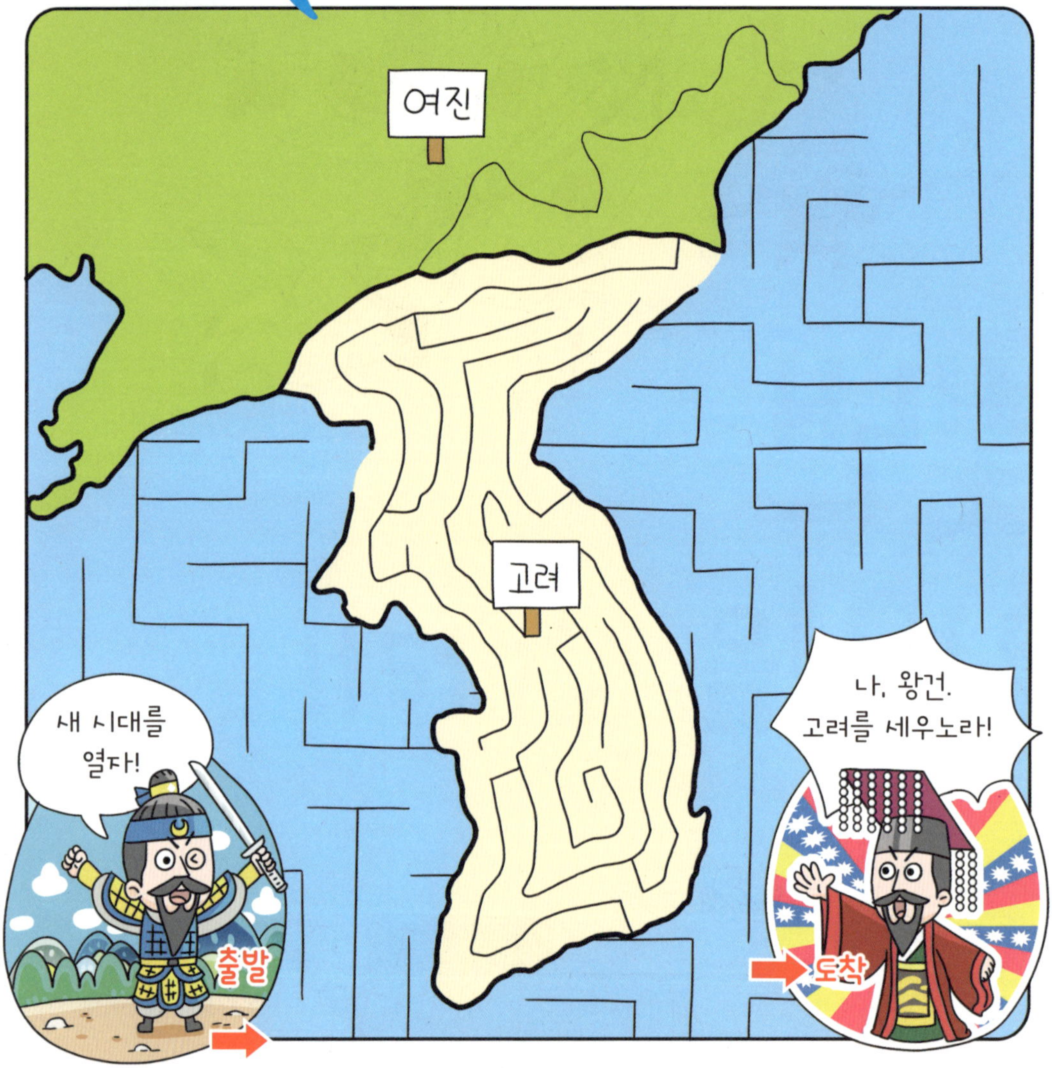

왕건 (877~943년) 후삼국을 통일하고 고려를 세운 사람

신라 말기에 송악(지금의 개성)에서 태어났어요. 궁예가 후고구려를 세울 때 함께 많은 공을 세웠어요. 하지만 궁예가 민심을 잃자 궁예를 내쫓고 왕이 되었어요(918년). 송악을 수도로 삼고, 고구려를 잇는다는 뜻에서 나라 이름을 '고려'라 하였어요.

 우리나라 최초로 과거 제도를 실시한 왕입니다. 누구인지 미로를 빠져나가 알아볼까요?

광종 (925~975) 과거 제도를 실시한 고려 제4대 왕

광종은 노비안검법(양인인데 노비가 된 사람들을 다시 양인이 되도록 한 법)을 실시하여 호족들의 노비를 풀어 주었어요. 또한 과거 제도를 실시하여 시험에 합격한 사람들을 관리로 뽑아, 호족 가문의 사람이 마음대로 벼슬에 오르지 못하게 하였어요.

 서희 장군이 거란의 적장을 만나 담판을 짓고

서희 (942~998) 고려의 문신, 외교가

993년 거란이 고려를 쳐들어왔어요. 거란은 고려가 자신들이 차지하고 있는 고구려 땅을 침범했으니, 땅을 내놓을 것과 송과의 외교를 끊고 거란과 국교를 맺을 것을 요구했어요. 서희는 거란의 있어요. 서로 다른 곳을 5군데 찾아보세요.

적장을 만나 옛 고구려 땅은 고려 땅이므로 내줄 수 없으며, 고려와 거란 사이에 여진족이 있어서 국교를 맺지 못하고 있으니, 여진족을 몰아내 주면 국교를 맺겠다고 했어요. 국제 정세를 꿰뚫은 서희의 조리 있는 말에 거란은 할 말을 잃고 돌아갔어요.

 강감찬 장군이 거란군을 맞아 싸우고 있어요.

강감찬 (948~1031) 귀주 대첩을 승리로 이끈 고려의 장군

거란이 고려를 쳐들어오자, 강감찬은 흥화진성(평안북도 의주) 동쪽을 흐르는 강의 상류를 쇠가죽으로 막은 뒤 거란군이 강 한가운

그림을 잘 보고 서로 다른 곳을 5군데 찾아보세요.

데쯤 들어왔을 때 쇠가죽을 끊어 거센 물살로 거란군을 무찔렀어요. 이후 거란군이 자기네 나라로 돌아가려 하자 강감찬은 거란군을 귀주(평안북도 구성)로 유인하여 크게 승리하였어요. 이 전투를 '귀주 대첩'이라고 해요.

 고려 시대 학자로 해동공자라고 불린 사람은 누구일까요? 미로를 빠져나가 만나 보세요.

최충 (984~1068) '해동공자'로 불린 고려의 학자이며, 교육자

고려 최고의 벼슬인 문하시중을 지냈고, 벼슬에서 물러난 뒤에는 우리나라 최초의 사립 학교인 '구재 학당'을 세우고 유학을 가르쳤어요. 최충은 문장과 글씨가 뛰어나 해동(발해의 동쪽이라는 뜻으로, 예전에 우리나라를 일컫던 말)의 공자라는 뜻으로 '해동공자'로 불렸어요.

 고려 시대 때 윤관이 여진족을 물리치기 위해 만든 특별 군대의 이름은 무엇일까요?

윤관(?~1111) 고려의 장군

여진족이 쳐들어왔을 때, 보병인 고려군은 말을 탄 기병인 여진족을 당해낼 수 없었어요. 이에 윤관은 여진족과 싸우기 위해 '별무반'이라는 특별 군대를 만들었어요. 별무반은 말을 타고 싸우는 신기군, 보병인 신보군, 승려들로 구성된 항마군으로 짜여졌어요.

고려 시대의 학자로, 우리나라 최초의 역사책인 『삼국사기』를 지은 사람은 누구일까요?

❶ 일연 ❷ 김부식

❸ 신채호 ❹ 단군

김부식 (1075~1151) 고려의 학자

문장 실력이 뛰어났던 김부식은 신라, 백제, 고구려의 건국에서부터 멸망까지를 기록한 『삼국사기』를 지었어요. 『삼국사기』는 전해지는 우리나라 최초의 역사책이에요.

정답 : ②

지눌이 불교의 선종과 교종을 하나로 통합하여 만든 것은 무엇일까요?

사다리를 탄 뒤 정답에 동그라미를 하세요.

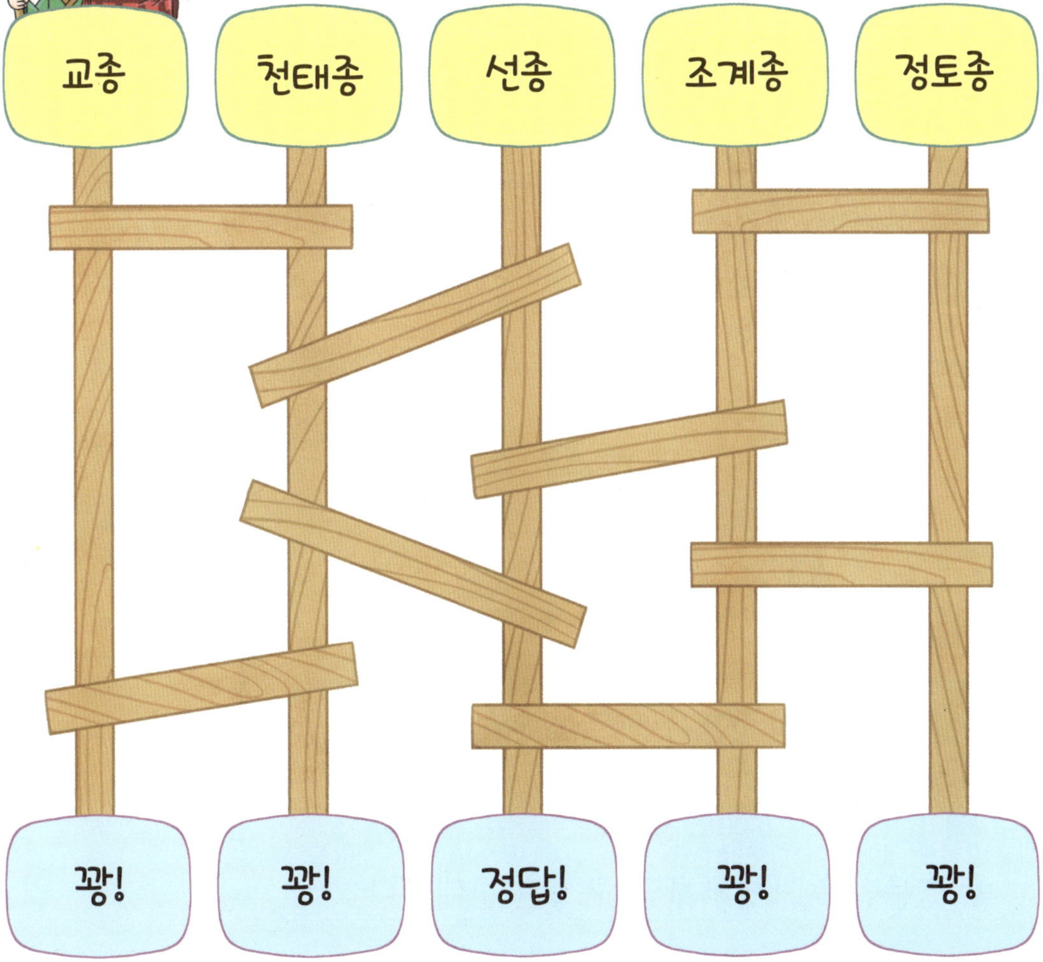

| 교종 | 천태종 | 선종 | 조계종 | 정토종 |

| 꽝! | 꽝! | 정답! | 꽝! | 꽝! |

지눌 (1158~1210) 보조 국사로 불린 고려의 승려

참선으로 마음을 수양하고(선종), 불교 경전을 공부(교종)하고 실천해야 부처가 될 수 있다고 주장했어요. 그리하여 선종과 교종을 하나로 통합하는 조계종을 만들었어요.

 제시된 글을 읽고 참인지, 거짓인지 표시해 보세요.

참 　거짓

1 후삼국을 통일하고 고려를 세운 사람은 왕건이다. ☐ ☐

2 광종은 과거 제도를 실시하지 않았다. ☐ ☐

3 서희는 거란이 쳐들어오자 군대를 이끌고 나가 싸워 이겼다. ☐ ☐

4 고려의 장군으로 귀주 대첩을 승리로 이끈 장수는 을지문덕이다. ☐ ☐

5 우리나라 최초의 사립 학교는 구재 학당이다. ☐ ☐

6 구재 학당을 세운 사람은 최충이다. ☐ ☐

7 윤관이 여진족을 무찌르기 위해 만든 특별 군대는 별무반이다. ☐ ☐

8 별무반은 보병으로만 구성된 군대이다. ☐ ☐

9 『삼국사기』를 지은 사람은 김부식이다. ☐ ☐

10 지눌은 불교의 교종을 중요하게 생각했다. ☐ ☐

정답 : 1. 참 2. 거짓 3. 거짓 4. 거짓 5. 참 6. 참 7. 참 8. 거짓 9. 참 10. 거짓

제시된 글을 읽고 참인지, 거짓인지 표시해 보세요.

참 / 거짓

1 왕건은 고려의 수도를 한양으로 삼았다. ☐ ☐

2 고려는 가문에 상관없이 실력으로 인재를 뽑는 시험을 실시했다. ☐ ☐

3 서희는 그 당시 국제 정세를 이용한 담판으로 거란에 승리했다. ☐ ☐

4 강감찬은 거란군을 귀주에서 크게 이겼다. ☐ ☐

5 최충은 문장과 글씨가 뛰어나 해동공자로 불리었다. ☐ ☐

6 지눌은 선종과 교종을 하나로 통합하는 조계종을 만들었다. ☐ ☐

7 윤관의 별무반은 거란족을 맞아 싸웠다. ☐ ☐

8 고려군은 보병인데, 여진족은 기병이라 고려군이 이기기 힘들었다. ☐ ☐

9 김부식이 지은 『삼국사기』는 현재 전해지는 우리나라 최초의 역사책이다. ☐ ☐

10 지눌은 보조 국사로 불린 고려의 승려이다. ☐ ☐

답: 1. 거짓 2. 참 3. 참 4. 참 5. 참 6. 참 7. 거짓 8. 참 9. 참 10. 참

 선종과 교종을 통합하는 천태종을 연 나는 누구일까요? 미로를 통과해 만나 보세요.

의천 (1055~1101년) 대각 국사로 불린 고려의 승려

고려 문종의 넷째 아들이지만 승려가 되었어요. 불교가 참선을 통해 깨달음을 얻으려는 선종과 부처님의 말씀을 통해 깨달음을 얻으려는 교종으로 나뉘어 다투자, 선종과 교종을 통합하는 천태종을 열었어요.

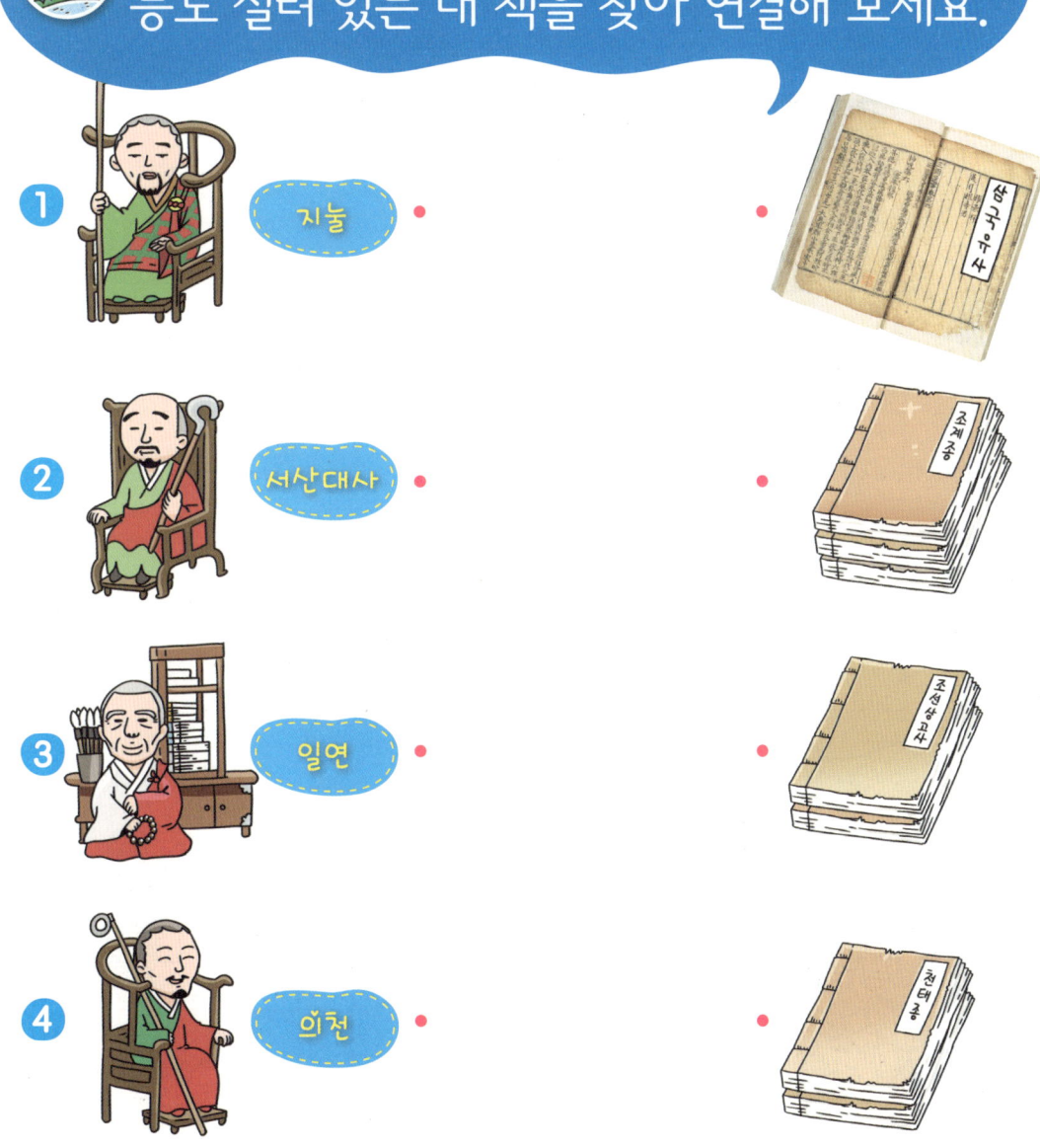

일연 (1206~1289년) 『삼국유사』를 지은 고려의 승려

일연은 고조선부터 후삼국 시대까지의 역사를 담은 『삼국유사』를 썼어요. 이 책은 『삼국사기』에는 빠져 있는 발해와 가야의 역사도 담고 있어요. 또한 신화, 설화, 전설 및 불교적인 내용과 향가 등도 담겨 있어 우리 고대 역사와 문학을 연구하는 데 귀중한 자료예요.

무신들이 난을 일으켰어요. 무신의 난을 일으킨 사람은 누구인지 미로를 빠져나가 만나 보세요.

정중부 (1106~1179) '무신의 난'을 일으킨 무신

고려를 세울 때 무신들의 공이 무척 컸어요. 그런데 과거 제도로 관리를 뽑으면서 문신들이 권력을 잡게 되자, 문신들은 무신들을 무시하고 천대했어요. 이에 정중부는 무신들과 힘을 합해 '무신의 난'을 일으키고 문신들을 내쫓고 권력을 잡았어요.

 고려 말의 장군으로, '황금을 보기를 돌같이 하라.'는 말을 남겼어요. 미로를 빠져나가 만나 보세요.

최영 (1316~1388) 고려 말의 장군

최영은 고려를 쳐들어와 노략질을 일삼던 왜구를 여러 차례 물리쳤어요. 또 고려를 쳐들어온 중국의 홍건적도 두 번이나 물리친 용맹한 장수예요. '황금을 보기를 돌같이 하라.'는 말을 남길 정도로 청렴결백했어요.

 "왜구를 무찌르는 데 가장 좋은 것은 화약이다. 화약을 만들어야겠다!" 이런 결심을 하고 오랜

> 으으으~, 유황과 숯…, 또 뭐가 필요하지?

최무선 (1325~1395) 고려 말에 화약을 발명한 장군

고려 말, 최무선 장군은 왜구를 무찌르는 데 화약이 가장 좋은 무기라고 생각했어요. 하지만 그 당시 고려는 화약을 만들지 못해서 연구 끝에 화약 발명에 성공한 고려의 장군은 누구일까요? 미로를 빠져나가 만나 보세요.

중국에서 사다 썼어요. 최무선은 화약을 만들 결심을 하고 오랜 연구 끝에 화약 발명에 성공하였어요. 이후 화약을 사용하는 총과 대포를 만들어 왜구를 크게 무찔렀어요.

 **문익점**은 원나라에서 **목화밭**을 보고 놀랐어요.

구름처럼 하얀 저건이 다 무엇인고?

요건 목화라는 것이다해!

문익점 (1329~1398) 중국에서 목화씨를 들여와 보급시킨 문신

사신으로 원나라에 갔던 문익점은 원나라 사람들이 목화에서 실을 뽑아 옷을 지어 입는 것을 보고 크게 놀랐어요. 고려로 돌아올

그림을 잘 보고 서로 다른 곳을 5군데 찾아보세요.

때 몰래 목화씨를 숨겨 돌아온 문익점은 목화 재배를 전국적으로 보급시켰어요. 그동안 거친 삼베 옷을 입고 추위에 떨던 고려 백성들은 목화에서 실을 뽑아 짠 무명으로 옷을 지어 입게 되어 겨울을 좀 더 따뜻하게 지낼 수 있게 되었어요.

공민왕이 회의를 하고 있어요. 숨은그림을 찾아보세요. <숨은그림 : 비녀, 복주머니, 가마, 족두리, 부채>

공민왕 (1330~1374) 고려 제31대 왕

몽골의 침입에 항복한 고려는 원나라에 왕자들을 볼모로 보내야 했어요. 원나라에 가서 10년을 있다 돌아온 공민왕은 개혁을 실시했어요. 몽골식 머리와 옷을 금지하고, 원나라의 연호와 관리 제도를 폐지했어요. 또 원나라가 세운 쌍성총관부를 내쫓았어요.

정몽주가 집으로 돌아오는 길입니다. 위아래 그림을 잘 보고 서로 다른 곳을 5군데 찾아보세요.

정몽주 (1337~1392) 고려의 충신

정몽주는 공민왕 때 문신이에요. 이성계가 반란을 일으키고 권력을 잡은 뒤 왕이 되려 하자, 정몽주는 반대를 하였어요. 이성계가 회유를 하였지만 끝까지 고려 왕조를 배신하지 않았지요. 결국 정몽주는 이성계의 아들인 이방원이 보낸 자객의 손에 목숨을 잃었어요.

 서로 어울리는 것끼리 선으로 연결하세요.

문신들의 무시를
더 이상 참을 수 없어!

정몽주

드디어 화약을 발명했다!
왜구들, 맛 좀 봐라!

공민왕

황금을 보기를 돌같이 하라!

정중부

앞으로 몽골식 머리 금지!
몽골식 옷도 금지!

최무선

나는 영원히 고려의 신하다.
이성계의 편에 서지 않겠다!

최영

천태종을 연 승려로, 대각 국사로 불렸어!	 지눌
『삼국유사』에는 재미있는 이야기도 많아!	 문익점
난 보조 국사! 조계종을 만들었어.	 일연
원나라에서 목화씨를 가져와 재배에 성공했어!	 김부식
나는 『삼국사기』를 지었어. 나는 누구일까요?	 의천

제3장

조선 시대를

조선 시대에는 어떤 위인이 우리나라를 빛냈을까요?
쉽고 재미있는 그림 퀴즈, 미로 찾기,
다른 그림 찾기와 퍼즐로 조선 시대의
위인을 만나 보세요!

빛낸 위인을 찾아라!

> 고려를 무너뜨리고 조선을 세운 사람과 도읍지를 찾아 ○로 묶어 보세요.

성	고	과	윤	거	시
서	험	벼	슬	이	합
균	군	구	향	성	신
내	한	추	당	계	관
들	가	양	윤	공	길
학	왕	문	서	조	지

이성계 (1335~1408) 조선 제1대 왕

1392년, 고려의 마지막 왕인 공양왕을 내쫓고 왕이 되었어요. 나라 이름은 고조선을 잇는다는 뜻으로 '조선'이라 하고, 한양(지금의 서울)을 도읍지로 삼았어요. 불교를 억누르고 유교를 중시하는 정치를 펼쳤어요.

 18년 동안 영의정으로 일했지만, 재물에 욕심이 없어 청백리의 본보기가 되는 나는 누구일까요?

황희 (1363~1452) 조선의 명재상

세종 대왕 때 18년 동안 영의정 자리에 있으면서 문물과 제도의 정비에 힘을 쏟았어요. 성품이 어질고 바랐으며, 비가 새는 집에서 살 정도로 재물에 욕심이 없는 청백리(재물에 대한 욕심이 없이 곧고 깨끗한 관리)였어요.

①: 황희

 # 조선의 왕으로, 우리글인 훈민정음을 만들었어요.

세종 대왕 (1397~1450년) 한글을 만든 조선의 제4대 왕

태종 이방원의 셋째 아들이에요. 집현전을 두어 학문을 장려하였고, 우리글인 훈민정음을 창제하였어요. 측우기, 해시계, 물시계

나는 누구일까요? 미로를 빠져나가 만나 보세요.

등 과학 기구를 제작하게 하였으며, 북방 지역에 6진을 개척하여 땅을 넓혔어요. 왜구의 소굴인 쓰시마섬을 정벌하여 왜구의 소요를 진정시키는 등 조선 왕조의 기틀을 튼튼히 하였어요.

 나는 많은 물건을 발명한 조선의 과학자입니다.

해시계를 만든 이가 누구인고?

출발

장영실 (?~?) 조선 시대 과학자

경상도 동래현의 관아에 속한 노비였는데, 농기구나 무기를 잘 고쳐 궁중 기술자가 되었어요. 천문을 관측하는 혼천의, 금속 활자

나는 누구일까요? 미로를 빠져나가 만나 보세요.

인 갑인자, 물시계인 자격루, 해시계인 앙부일구, 비의 양을 재는 측우기, 물의 높낮이를 나타내는 수표 등 많은 물건을 발명한 천재 과학자예요. 장영실 덕분에 조선의 과학 기술은 세계적인 수준으로 높아졌어요.

 세종 대왕 때 장군으로 여진족을 물리치고 6진을 설치한 사람은 누구일까요? (   )

김종서 (1383~1453) 조선의 문신이며, 장군

세종 대왕 때 두만강 일대의 여진족을 물리치고 회령, 경흥, 종성, 온성, 경원, 부령 등 6개 지역에 진을 설치하였어요. 그리하여 우리나라 땅은 두만강까지 넓어졌어요. 열두 살의 어린 나이에 왕위에 오른 단종을 보필하다 수양 대군에게 죽임을 당했어요.

 세종 대왕의 훈민정음 창제를 돕고, 단종을 다시 왕위에 앉히려다 죽임을 당한 나는 누구일까요? (   )

성삼문 (1418~1456) 조선의 학자이며, 충신

집현전 학사로 세종 대왕을 도와 훈민정음을 창제하였어요. 수양 대군(세조)이 조카인 단종을 내쫓고 왕위를 빼앗자 박팽년, 이개, 하위지, 유성원, 유응부와 함께 단종을 다시 왕위에 앉히려다 죽임을 당했어요. 이들 6명을 '사육신'이라고 해요.

정답 : 성삼문

조광조는 향촌의 자치 규약인 이것을 전국에 실시했어요. 미로를 빠져나가 알아보세요.

조광조 (1482~1519) 조선의 문신

유교에 기초한 바른 정치를 위해 개혁을 실시하였어요. 대표적으로 착한 일을 권장하고 악한 일을 징계하며 어려운 일은 서로 돕는 향촌 자치 규약인 '향약'을 전국에 실시했어요. 또 과거 시험이 아닌 추천을 통하여 인재를 뽑는 '현량과'를 실시하였어요.

호가 퇴계인 ○○은 도산 서당을 짓고 유학을 가르쳤어요. 미로를 빠져나가 만나 보세요.

이황 (1501~1570) 조선의 유학자

조선의 대표적인 유학자예요. 고향인 도산에 서당을 짓고 제자들을 가르치며 학문을 연구했어요. 아는 것과 행하는 것이 일치해야 한다고 주장했어요. 이황이 세상을 떠나자 제자들이 도산 서원을 짓고 이황의 위패를 모셨어요.

 조선의 여류 화가, 현명한 어머니, 어진 아내로 유명해요. 관계있는 것에 모두 ○하세요.

① 매화

② 오죽헌

③ 오만 원권 지폐

④ 초충도(왼쪽)와 수박과 여치(오른쪽)

신사임당 (1504~1551) 조선의 여류 화가

신사임당은 강원도 강릉 오죽헌에서 태어났어요. 사임당은 호이고 원래 이름은 인선이에요. 산수화와 초충도(풀, 벌레를 그린 그림)를 잘 그린 조선 최고의 여류 화가예요. 어진 아내, 현명한 어머니로서 우리나라 여성의 귀감이 되고 있어요.

 조선의 학자이면서 정치가로, '10만 양병설'을 주장했어요. 관계 있는 것에 모두 ○하세요.

① 호는 율곡

② 오천 원권 지폐

③ 신사임당

④ 거중기

이이 (1536~1584) 조선의 학자, 정치가

신사임당의 아들이에요. 이조 판서, 병조 판서 등을 지냈어요. 선조에게 나라를 다스리는 데 필요한 '시무 육조'를 지어 바쳤으며, 왜구의 침입을 예견하고 10만 명의 군사를 길러야 한다는 '10만 양병설'을 주장하였어요.

 가로세로 **길잡이** 글을 보고 **퍼즐을 완성**해 보세요.

➡ 가로 길잡이

1 훈민정음을 창제한 조선의 제4대 임금은?

3 고려 왕조를 무너뜨리고 조선을 세운 사람은?

5 왜구의 침입을 대비하여 '10만 양병설'을 주장한 사람은?

7 조선의 여류 화가, 어질고 현명한 어머니상인 사람의 호는?

9 조선의 최고 과학자로 많은 발명품을 남긴 사람은?

⬇ 세로 길잡이

2 여진족을 물리치고 북방에 6진을 설치한 장군은?

4 단종 복위를 계획하다 수양 대군에게 죽임을 당한 사람은?

6 호가 퇴계이며, 도산 서당을 지어 제자를 가르친 유학자는?

8 지방 자치 규약인 향약을 전국에 실시한 사람은?

사명 대사가 승병을 이끌고 왜군을 물리치고

사명 대사 (1544~1610) 조선 중기의 승려

법명은 유정이에요. 금강산에 들어가 불도를 닦던 1592년 왜구가 쳐들어와 임진왜란이 일어나자, 승병을 일으켜 왜군을 물리치는

있어요. 왼쪽 그림과 다른 곳을 5군데 찾아보세요.

공을 세웠어요. 특히 4번이나 일본과의 강화 회담에 나가 일본의 불합리하고 비현실적인 강화 조건을 꼬집고, 의견을 조율하는 등 외교적인 활약도 뛰어났어요.

 이순신 장군이 거북선을 이끌고 왜군을 물리치고

이순신 (1545~1598) 조선의 장군

32세에 무과에 급제한 후에 전라좌도 수군절도사가 되어 거북선을 만들고 군비를 늘리며 전쟁에 대비했어요. 1592년 일본(왜)이 쳐들어와 임진왜란이 일어나자 한산도 앞바다에서 학이 날개를

있어요. 서로 다른 곳을 6군데 찾아보세요.

편 모양의 '학익진법'으로 적의 배 70여 척을 무찌르는(한산도 대첩) 등 공을 세워 삼도 수군통제사가 되었어요. 명량 대첩에서 12척의 배로 왜군 133척과 맞서 싸워 승리하였으나, 노량 해전에서 적의 총탄에 맞아 전사하였어요.

행주산성에서 왜군과 싸워 승리한 장군이에요. 누구인지 미로를 빠져나가 만나 보세요.

권율 (1537~1599) 조선의 장군

임진왜란 때 왜군 3만 명이 행주산성을 공격하자 의병, 승병, 부녀자 등 1만여 명을 이끌고 맞서 싸웠어요. 무기가 떨어지자 부녀자들은 앞치마에 돌을 담아와 던지기까지 했어요. 마침내 권율 장군이 승리한 이 싸움을 '행주 대첩'이라고 해요.

왕의 병을 고치던 의원으로 의학책인 『동의보감』을 지었어요. 미로를 탈출하여 만나 보세요.

허준 (1539~1615) 조선 시대의 의학자

왕실의 건강을 돌보는 내의원에서 어의(왕을 돌보는 의원)로 일한 허준은, 선조로부터 우리나라 현실에 맞는 의학 책을 만들라는 명을 받고 『동의보감』 25권을 완성하였어요. 『동의보감』은 우리나라 한의학 발전에 큰 영향을 주었어요.

 임진왜란 때 늘 붉은 군복을 입고 전투를 하여 '홍의 장군'이라고 불린 의병장은 누구일까요?

① 권율

② 이순신

③ 김종서

④ 곽재우

곽재우 (1552~1617) 조선의 의병장. 홍의 장군

임진왜란이 일어나자 가장 먼저 의병을 모으고, 의병장이 되었어요. 늘 붉은색의 옷을 입고 의병을 지휘하며 왜군과 싸워 '홍의 장군'이라고 불렸어요. 왜구들은 곽재우 장군의 붉은 옷만 보아도 벌벌 떨었어요.

㉠ : 답정

 임진왜란 때 진주성에서 왜장을 껴안고 강물로 뛰어든 의로운 기녀는 누구일까요?

① 명월이

② 김만덕

③ 논개

④ 황진이

논개 (?~1593) 조선의 의로운 기생

논개는 진주 관청에 소속된 기생이었어요. 임진왜란 때 진주성을 빼앗은 왜군이 촉석루에서 승리를 축하하는 잔치를 벌였어요. 잔치에 참석한 논개는 왜장을 남강의 높은 바위로 유인한 뒤 꽉 껴안고 강물로 뛰어들어 숨을 거두었어요.

정답 : ③

허균 (1569~1618) 조선의 문신

천주교, 서학 등을 접하면서 급진적인 개혁 사상을 갖게 된 허균은, 우리나라 최초의 한글 소설인 『홍길동전』을 지었어요. 허균은 『홍길동전』을 통해 서자 차별과 관리들의 부정부패가 없는 정의로운 나라를 세워야 한다고 주장했어요.

 나라를 잘 다스렸지만, 아들인 사도 세자를 뒤주에 가둬 죽인 사람은 누구일까요?

출발

아바마마, 억울하옵니다!

흑흑!

뭔들 하느냐, 세자를 뒤주에 가두어라!

벼락

도착

영조 (1694~1776) 조선 제21대 왕

당파 구분 없이 인재를 등용하는 탕평책과 군포를 2필에서 1필로 줄인 균역법을 실시하는 등 훌륭한 업적을 많이 남겼어요. 하지만 둘째 부인인 정순 왕후와 노론 세력들의 이간질로 아들인 사도 세자를 뒤주에 가둬 죽인 매정한 아버지였어요.

박지원 (1737~1805) 조선 시대의 학자, 소설가

박지원은 사람들을 이롭게 하는 학문인 실학을 연구한 실학자로, 청나라의 북경과 열하를 여행하고 청의 발달된 문물을 소개하는 『열하일기』를 지었어요. 또 무능한 양반들과 부패한 관리들을 꼬집는 한문 소설인 『허생전』 『양반전』 『호질』 등도 지었어요.

정답: 박지원

 사도 세자의 아들로 학문을 좋아하였으며, 수원에 화성을 쌓은 임금은 누구일까요?( )

정조 (1752~1800) 조선 제22대 임금

백성들이 살기 좋도록 많은 개혁을 실시했어요. 당파 싸움을 싫어하여 탕평책을 썼으며, 학문을 연구하고 토론하는 기관인 규장각을 설치하고, 많은 책도 펴냈어요. 아버지인 사도 세자의 무덤을 수원으로 옮기고, 수원에 새로운 성인 화성을 쌓았어요.

정답 : 정조

 제시된 글을 읽고 참인지, 거짓인지 표시해 보세요.

	참	거짓
1 사명 대사는 임진왜란 때 승병으로 왜군을 물리치지 않았다.	☐	☐
2 이순신은 한산도 대첩 때 학인진법으로 승리를 하였다.	☐	☐
3 1592년 일본이 조선을 쳐들어와 임진왜란이 일어났다.	☐	☐
4 권율은 병사가 부족하여 왜군에 행주산성을 빼앗겼다.	☐	☐
5 허준은 한양에서 명의로 소문난 한약방 의원이었다.	☐	☐
6 곽재우는 늘 붉은색 옷을 입어 '홍의 장군'이라고 불리었다.	☐	☐
7 왜장을 껴안고 강물에 뛰어들어 죽은 기생은 황진이다.	☐	☐
8 허균은 서자 차별은 무척 훌륭한 제도라고 생각했다.	☐	☐
9 탕평책은 당파를 가리지 않고 고르게 인재를 등용하는 제도이다.	☐	☐
10 거중기는 정약용이 만들어 화성을 지을 때 처음 사용했다.	☐	☐

답 : 1. 거짓 2. 참 3. 참 4. 거짓 5. 거짓 6. 참 7. 거짓 8. 거짓 9. 참 10. 참

제시된 글을 읽고 참인지, 거짓인지 표시해 보세요.

참 / 거짓

1 한글 소설 『홍길동전』은 허균이 지었다. ☐ ☐

2 행주 대첩을 승리로 이끈 장군은 권율이다. ☐ ☐

3 『동의보감』은 허준이 지은 한의학 책이다. ☐ ☐

4 정조는 학문 연구 기관인 규장각을 설치했다. ☐ ☐

5 화성은 정조가 수원에 지은 성이다. ☐ ☐

6 박지원은 인도를 여행하고 『열하일기』를 지었다. ☐ ☐

7 이순신이 12척의 배로 왜적 배 133척을 무찌른 것은 명량 대첩이다. ☐ ☐

8 박지원은 한글 소설인 『양반전』을 지었다. ☐ ☐

9 임진왜란 때 사명 대사는 승병, 곽재우는 의병을 일으켰다. ☐ ☐

10 논개는 나라를 위해 왜장을 껴안고 강물로 뛰어들었다. ☐ ☐

답: 1. 참 2. 참 3. 참 4. 참 5. 참 6. 거짓 7. 참 8. 거짓 9. 참 10. 참

 조선 시대 화가로 **서민들의 생활을 익살스럽게 표현한 화가**는 누구일까요?

김홍도 (1745~?) 조선 시대의 화가

도화서(조선 시대에, 그림에 관한 일을 맡아보던 관아) 화원으로 정조의 두터운 신임을 얻었어요. 산수화, 인물화, 불화 등 여러 방면의 그림을 잘 그렸지만, 특히 가난한 서민들의 생활을 익살스럽게 표현한 풍속화에 뛰어났어요. 「서당」「씨름도」「투견도」 등이 있어요.

정답 : ④

신윤복 (1758~?) 조선 후기의 화가

신윤복은 섬세하고 부드러운 선과 아름다운 채색을 바탕으로 양반과 기녀의 애정 표현을 주로 그렸어요. 당시의 생활과 옷차림을 사실대로 표현한 신윤복의 그림은 조선 후기의 생활상을 엿볼 수 있는 귀중한 자료예요.

 정약용은 실생활에 필요한 학문인 실학을 연구한 학자로, 정조가 수원 화성을 지을 때 거중기를 만

> 거중기로 돌을 들어 올려라~!

정약용 (1762~1836) 조선 후기의 실학자

실생활에 필요한 학문인 실학을 연구한 실학자예요. 천주교, 천문, 지리, 과학 등 새로운 문물에 관심이 많았어요. 한강에 배다리를 놓았으며, 수원 화성을 지을 때 거중기를 만들어 공사 기간을 단축했

들어 공사 기간을 크게 단축시켰어요. 공사가 한창인 그림을 보고 서로 다른 곳 5군데를 찾아보세요.

어요. 정조가 세상을 떠나자 정조의 개혁 정치를 싫어하던 정순 왕후의 미움을 사 전라도 강진으로 귀양을 갔어요. 강진에서 산 18년 동안 『목민심서』 『경세유표』 『여유당전서』 『흠흠신서』 등 많은 책을 지었어요.

 평안도 사람에 대한 차별에 불만을 품고 반란을 일으킨 사람을 미로찾기로 만나 보세요.

홍경래 (1771~1812) 조선 최대의 민란 지도자

평안도 사람에 대한 차별로 과거에 합격하지 못하자 나라에 불만을 품었어요. 1811년 흉년이 들어 민심이 흉흉해지자 농민군 2천여 명을 이끌고 반란을 일으켰어요. 평안도 지역 8개 읍을 빼앗는 대승리를 거두었지만, 이듬해 관군에 패하였어요.

나는 우리나라 최초의 천주교 신부예요. 내가 누구인지 궁금하면 미로를 빠져나가 보세요.

이제부터 너의 세례명은 안드레아다!

난, 우리나라 최초의 천주교 신부인 김대건이오!

김대건 (1822~1846) 우리나라 최초의 천주교 신부

14세 때 프랑스 신부에게 세례를 받았어요. 중국 파리외방전교회에서 신학 공부를 한 뒤 상하이에서 우리나라 최초로 천주교 신부가 되었어요. 조선으로 돌아와 비밀리에 전도 활동을 하다 붙잡혀 서울의 새남터에서 25세로 순교하였어요.

 나는 추사체라는 나만의 독특한 붓글씨체를 완성한 사람입니다. 나는 누구일까요?

김정희 (1786~1856) 조선 후기의 관리

청나라에서 배운 금석학(그릇이나 비석에 새겨진 글씨를 연구하는 학문)을 바탕으로, 북한산비가 진흥왕 순수비임을 밝혀냈어요. 또한 붓글씨를 연구하여 자신만의 독특한 글씨체인 '추사체'를 완성하였어요. 추사는 김정희의 호예요.

⑦ : 김정희

 나는 '사람이 곧 하늘'이라는 인내천 사상을 바탕으로 동학을 만들었어요. 나는 누구일까요?

최제우 (1824~1864) 동학의 창시자

'사람이 곧 하늘'이라는 인내천 사상을 바탕으로 동학을 창시했어요. 동학은 서양에서 들어온 서학(천주교)과 반대로 동쪽, 즉 '우리나라의 종교'라는 뜻이에요. '모든 인간은 한울님처럼 귀한 존재로 평등하다.'는 동학은 양반들에게 고통 받던 백성들에게 인기가 있었어요.

정답 : ④

조선 시대의 지리학자로 「대동여지도」를 만든

음, 이곳은 강물이 흐르고, 산이 있구나!

출발

김정호(?~?) 조선 후기의 지리학자

어려서부터 지도와 지리학에 관심이 많았던 김정호는 여러 지도와 지리지를 참고하여 우리나라 지도인 「대동여지도」를 완성하였어요. 「대동여지도」는 현대 인공위성으로 본 우리나라 모습과 거

사람은 누구일까요? 미로를 빠져나가 만나 보세요.

의 비슷할 정도로 정밀하답니다. 「대동여지도」를 완성한 후 지역마다 지리적 특색을 적은 『대동여지지』(32권)도 완성하였어요. 『대동여지지』는 그 당시 우리나라 역사적 사실을 기록한 지리지로 지리학 발전에 중요한 자료가 되고 있어요.

 조선의 의학자인 이제마가 환자를 치료하고 있습

이제마 (1838~1900) 조선 후기의 의학자

조선 후기의 한의학자예요. 사람의 기질과 성격을 태양인, 태음인, 소양인, 소음인, 네 가지로 나누고 그에 맞는 치료 방법을 제

니다. 그림을 보고 서로 다른 곳 5군데를 찾아보세요.

시행어요. 체질에 따라 성격이 다르고, 몸의 강하고 약한 부분도 다르기 때문에 같은 병이라도 체질에 따라 치료와 처방이 달라야 한다고 했어요. 이를 사상 의학이라고 하며, 이제마는 사상 원리를 바탕으로 『동의수세보원』(2권)을 지었어요.

 서로 **어울리는 것**을 찾아 선으로 연결해 보세요.

난 서민들의 생활을 익살스럽게 그렸어!   •   •

유배지에서 『목민심서』를 비롯한 많은 책을 썼어!   •   •

지역 차별 싫다! 평안도 사람들을 차별하지 마라!   •   •

남녀의 애정을 주로 그렸어! 채색도 아름다운 게 특징!   •   •

내가 완성한 글씨체를 추사체라고 해!   •   •

난 우리나라 최초의 천주교 신부야!	최제우
인내천 사상을 바탕으로 동학을 창시했어!	김정호
「대동여지도」는 지금의 우리나라 모습과 거의 비슷해!	이제마
사람의 기질과 성격은 4가지. 그에 맞게 치료를 해야 해!	김대건
북한산비는 신라 진흥왕의 순수비인 걸 밝혀냈어!	김정희

제4장

근현대를

근현대에는 어떤 인물이 우리나라를 빛냈을까요?
퀴즈, 미로 찾기, 숨은그림찾기, 퍼즐 등
쉽고 재밌는 학습 방법으로
근현대의 위인을 만나 보세요!

빛낸 위인을 찾아라!

 서양 문물을 받아들이지 않는 쇄국 정치를 한 나는 누구일까요? 미로를 탈출하여 만나 보세요.

조선과 무역을 하고 싶소! 문을 열어 주시오!

출발

나, 흥선 대원군은 절대 문을 열지 않을 것이다!

도착

흥선 대원군 (1820~1898) 고종의 아버지. 조선 후기의 정치가

이름은 이하응. 고종의 아버지. 고종이 12세에 왕위에 오르자 고종을 대신하여 나라를 다스렸어요. 고른 인재 등용과 세제 개편 등 개혁 정치를 실시했어요. 하지만 천주교도 박해와 서양 문물을 받아들이지 않는 쇄국 정치로 조선의 근대화를 늦추었어요.

 고종의 비로, 일본 자객의 손에 목숨을 잃은 나는 누구일까요? 미로 찾기를 하고 만나요.

나는 조선의 국모, 명성 황후다! 야만적인 일본은 천벌을 받을 것이다!

도착

출발

경복궁으로 출발하자!

명성 황후 (1851~1895) 조선 고종의 왕비

16세 때 고종의 왕비가 되었어요. 고종 대신 정권을 잡은 흥선 대원군을 몰아내고 외국과 통상 및 수교를 맺는 등 개화 정치를 펼쳤어요. 러시아의 힘을 빌려 일본을 몰아내려 했지만, 일본이 보낸 자객의 손에 시해당하였어요. 이를 '을미사변'이라고 해요.

 김옥균이 갑신정변을 일으켰어요. 위아래 그림을 잘 보고 서로 다른 곳 5군데를 찾아보세요.

김옥균 (1851~1894) 조선 말기의 개화 사상가, 정치가

외국의 발달된 문물을 받아들여야 한다고 주장한 개화 사상가예요. 뜻을 같이하던 개화파들과 함께 우정국 준공 축하 잔칫날 '갑신정변'을 일으켜 새로운 정부를 수립하려 했어요. 하지만 정변은 3일 만에 실패하였어요.

 네덜란드 헤이그에 밀사를 파견하여 을사조약의 부당함을 세계에 알리려 한 사람은 누구일까요?

고종 (1852~1919) 조선 제26대 왕

국호를 대한제국으로 바꾸고 왕을 황제로 부르며, 자주 독립 국가임을 선포했어요. 1905년 일본이 을사조약으로 외교권을 빼앗자, 네덜란드 헤이그에서 열린 만국 평화 회의에 밀사를 보내 일본의 부당함을 세계에 알리려 했어요. 하지만 실패했고, 이 일로 인하여 일본에게 강제로 퇴위당했어요.

정답 : ②

 동학 농민 운동을 일으킨 녹두 장군은 누구일까요? 미로를 빠져나가 만나 보세요.

전봉준 (1854~1895) 동학 농민 운동의 지도자

키가 작아 '녹두'라고 불렸어요. 전라도 고부 군수 조병갑의 횡포와 착취가 심해지자 동학교도와 농민군을 모아 동학 농민 운동을 일으켰어요. 관군을 무찌르고 삼남 지방을 휩쓸었으나 청나라와 일본의 개입으로 실패했어요.

종두법을 실시하여 우리 국민들을 천연두의 공포에서 벗어나게 했어요. 누구인지 만나 보세요.

지석영 (1855~1935) 조선 말기의 의사

천연두에 걸린 소의 몸에서 뽑아낸 균인 우두를 사람의 몸에 주사하여 천연두(고열과 함께 온몸에 물집이 생기며, 심하면 목숨을 잃기도 하는 전염병. '마마'라고도 함)를 예방하는 종두법을 시행하였어요. 이로써 우리나라 국민들은 천연두의 공포에서 벗어나게 되었어요.

 장지연이 「시일야방성대곡」을 쓰고 있어요. 다른 곳 5군데를 오른쪽 그림에서 찾아보세요.

장지연 (1864~1921) 언론인

1905년 일본이 강제로 을사조약을 맺어 우리나라의 외교권을 빼앗자 황성신문에 「시일야방성대곡(이날을 목 놓아 통곡하노라)」이라는 사설을 썼어요. 일본의 만행과 일본에 주권을 넘긴 5명의 친일파를 규탄하며, 우리 주권을 되찾자고 호소했어요.

 한글 연구와 보급에 힘쓴 주시경이에요. 그림을 잘 보고 서로 다른 곳 5군데를 찾아보세요.

주시경 (1876~1914) 한글 학자

한글을 연구하고, 우리말과 글의 문법 체계를 세웠어요. 우리글의 이름을 '크고 으뜸가는 글'이라는 뜻의 '한글'이라 짓고, 보급에 힘 썼어요. 열정적으로 여러 학교와 강습소에서 우리글을 가르치며 나라사랑 정신을 일깨워 주었어요.

 **우리나라를 강제로 빼앗는 데 앞장선 이토 히로부미를**

안중근 (1879~1910) 독립운동가

학교를 세우고 민족 교육에 앞장을 섰어요. 일본의 감시가 심해지자 블라디보스토크로 망명하여 대한 의군을 조직하고 참모 중장

저격한 사람은 누구일까요? 미로를 빠져나가 만나 보세요.

이 되어 일본군과 싸웠어요. 1909년, 우리나라를 강제로 빼앗아 일본의 식민지로 만드는 데 앞장선 민족의 원흉 이토 히로부미를 만주 하얼빈 역에서 권총으로 사살하였어요.

 **독립운동가이면서 우리나라 고대 역사를 연구하였**

이것은 고구려 광개토 대왕비야!

출발

신채호 (1880~1936) 독립운동가, 언론인, 역사가

'신민회(항일 비밀 결사 조직)'를 조직하고 애국 계몽 운동을 전개하였으며, 상하이 임시 정부 수립에 참여하는 등 활발히 독립운동을

어요. 나는 누구인지 미로를 빠져나가 만나 보세요.

하였어요. 특히 중국으로 망명하여 해외 독립운동을 전개하면서 고구려와 발해 역사를 깊이 연구하였어요. 『조선 상고사』『조선 상고 문화사』『조선사 연구초』 등의 역사책을 써 우리 민족의 자주성과 우수성을 밝혔어요.

 제시된 글을 읽고 맞으면 ○, 틀리면 ×를 ( ) 안에 하세요.

1 흥선 대원군은 적극적으로 외국 문물을 받아들였다. (   )

2 흥선 대원군은 아들이 어린 나이에 왕이 되자 대신 정치를 하였다. (   )

3 일본이 명성 황후를 시해한 사건이 을미사변이다. (   )

4 고종은 나라 이름을 대한제국으로 바꾸었다. (   )

5 고종은 을사조약의 부당함을 세계에 알리려 하지 않았다. (   )

6 갑신정변을 일으킨 사람은 김홍도이다. (   )

7 갑신정변은 백성들의 성원으로 성공하였다. (   )

8 동학 농민 운동은 천주교도들이 주도하였다. (   )

9 동학 농민 운동은 고부 군수 조병갑의 횡포와 착취 때문에 일어났다. (   )

10 고종은 흥선 대원군과 함께 쇄국 정치를 했다. (   )

정답 : 1. × 2. ○ 3. ○ 4. ○ 5. × 6. × 7. × 8. × 9. ○ 10. ×

 제시된 글을 읽고 **맞으면** ○, **틀리면** ×를 ( ) 안에 하세요.

1 고종은 헤이그에 밀사를 파견하여 일본의 만행을 알리려 했다. ( )

2 헤이그 밀사는 이준, 이상설, 이위종이었다. ( )

3 김옥균은 새로운 정부를 세우려고 갑신정변을 일으켰다. ( )

4 전봉준은 동학교도와 농민군을 모아 동학 농민 운동을 일으켰다. ( )

5 황성신문에 「시일야방성대곡」을 쓴 사람은 장지연이다. ( )

6 우리글의 이름을 '크고 으뜸가는 글'이라는 뜻의 '한글'이라고 지은 사람은 주시경이다. ( )

7 이토 히로부미를 저격한 사람은 안중근이다. ( )

8 동학 농민 운동은 성공하였다. ( )

9 만주 지역의 우리나라 고대 역사를 연구한 사람은 신채호이다. ( )

10 명성 황후는 흥선 대원군을 몰아내고 개화 정치를 했다. ( )

정답 : 1. ○ 2. ○ 3. ○ 4. ○ 5. ○ 6. ○ 7. ○ 8. × 9. ○ 10. ○

청산리 전투를 이끈 우리 독립군의 총사령관은

김좌진 (1889~1930) 독립운동가

학교를 세우고 민족 교육에 앞장서다 광복단에 들어가 항일 투쟁을 하였어요. 만주에서 무장 독립 단체인 북로 군정서의 총사령관

누구일까요? 미로를 빠져나가 만나 보세요.

이 되어 사관 양성소를 설립하고 병력을 양성하였어요. 독립군을 장백산으로 옮기던 중 청산리에서 일본군과 전투를 벌여 크게 승리하였어요. 이 전투를 '청산리 대첩'이라고 해요.

우리나라 최초의 여류 서양화가는 누구일까요? 미로를 빠져나가 만나 보세요.

우리나라 최초의 여류 서양화가는 나혜석이구나!

도착

미술관으로 툴발~!

출발

나혜석 (1896~1948) 우리나라 최초의 여류 서양화가

일본 동경 여자 미술 전문학교에서 서양 미술을 공부하고, 1921년 우리나라 여성 미술가로는 최초로 유화 개인 전시회를 열었어요. 1931년 「정원」으로 제10회 조선 미술 전람회에서 특선, 일본 제국 미술원 전람회에서 입선하였어요.

 **헤이그 밀사** 중 한 사람으로 회의 참석이 실패하자 자결했어요. 누구인지 미로를 빠져나가 만나 보세요.

출발 헤이그에 가서 우리의 억울함을 세계에 알리시오!

도착 일본의 방해로 뜻을 이루지 못했다. 나, 이준은 분함을 도저히 참을 수 없다!

이준 (1859~1907) 대한제국의 관리. 독립운동가

네덜란드 헤이그에 이상설, 이위종과 함께 밀사로 파견되어, '을사조약은 일본의 강압과 협박으로 이루어진 조약'임을 밝힌 고종의 밀서를 회의 의장에게 전달하고, 을사조약이 무효임을 세계에 알리려 하였어요. 하지만, 일본과 영국의 방해로 실패하자 분함을 이기지 못하고 자결하였어요.

139

 승려인 한용운이 독립운동을 하고 있습니다.

한용운 (1879~1944) 독립운동가. 시인

승려로서, 법호는 만해. 3·1만세 운동 때 민족 대표 33인의 한 사람으로 공약 삼장을 쓰고, 독립 선언서를 발표하였어요. 문학

그림을 잘 보고 서로 다른 곳 6군데를 찾아보세요.

적 재능이 뛰어나 시와 소설을 쓰기도 했어요. 특히 첫 시집『님의 침묵』은 우리 민족에 대한 사랑과 일본에 대한 저항을 노래하였어요. 불교를 통한 청년운동과 불교의 개혁 및 현실 참여도 주장하였어요.

이화학당에 다니던 여학생으로 천안 아우내 장터에서 만세 운동을 벌인 사람은 누구일까요?

❶

❷

❸

❹

유관순 (1902~1920) 독립운동가

이화학당에 다니던 1919년 3·1만세 운동으로 학교에 휴교령이 내려지자 고향인 충남 천안으로 내려가 음력 3월 1일, 천안 아우내 장터에서 만세 운동을 벌였어요. 이 일로 옥살이를 하던 중 일본의 모진 고문으로 서대문 형무소에서 세상을 떠났어요.

정답 : ②

 일제 강점기에 「봉선화」라는 슬픈 곡조의 음악을 발표한 작곡가는 누구일까요?

홍난파 (1898~1941) 작곡가, 바이올리니스트

일제 강점기에 나라 잃은 설움에 빠져 있던 우리 국민들의 마음을 대변하듯, 슬프고 처량한 곡조의 「봉선화」를 발표하였어요. 「봉선화」 외에도 「성불사의 밤」 「옛 동산에 올라」 등의 가곡과 「달마중」 「낮에 나온 반달」 등의 동요를 작곡했어요.

ⓒ : 홍난파

 어린이날을 만들고, 아이들을 가리킬 때 '어린이'라는 말을 쓰도록 한 사람은 누구일까요?

방정환 (1899~1931) 아동 문학가, 어린이의 아버지

아이를 지칭할 때 '어린이'라는 말을 처음으로 쓰기 시작했으며, '어린이의 날'을 제정하고, 우리나라 최초의 순수 아동 잡지인 『어린이』를 창간하였어요. 또한 우리나라 최초의 아동 문화 운동 단체인 색동회를 조직하는 등 어린이 보호 운동에 앞장섰어요.

① : 답정

나운규 덕분에 우리 영화는 무성 영화에서 유성 영화의 시대가 되었어요. 그림에서 서로 다른 곳 5군데를 찾아보세요.

나운규 (1902~1937) 영화감독, 영화 제작자, 배우

많은 작품을 제작, 감독, 출연하였어요. 특히 1936년 「아리랑 3편」을 제작하면서 우리나라 최초로 녹음 장치를 사용하였어요. 이로써 우리나라 영화는 변사가 대사를 읽어 주던 무성 영화에서 배우가 대사를 하면서 연기를 하는 유성 영화의 시대로 바뀌었어요.

「독립신문」을 창간하고, '독립협회'를 만든 독립운동가예요. 미로를 빠져나가 만나 보세요.

서재필 (1864~1951) 독립운동가, 개화기의 정치가

미국에서 의사로 일하다 귀국하여 「독립신문」을 창간하고, '독립협회'를 만들었어요. 청년 학생들을 교육하고, 신문 논설과 강연 등을 통해 우리 민족에게 독립사상을 심어 주었어요. 미국으로 추방된 뒤에도 독립을 위한 활동을 활발히 했어요.

상하이 대한민국 임시 정부의 주석으로, 독립운동을 이끌었어요. 미로를 빠져나가 만나 보세요.

김구 (1876~1949) 독립운동가, 정치가

상하이에서 대한민국 임시 정부 수립에 참여하였고, 1939년 임시 정부 주석이 되었어요. 한인 애국단을 조직하여 윤봉길, 이봉창 등의 의거를 지휘하였고, 한국 광복군을 조직하여 항일 무장 부대를 만들어 이끌었어요. 해방이 된 뒤에는 미군과 소련의 신탁 통치를 반대하며 자주 통일 운동을 전개하였지만, 실패하였어요.

 위인들이 저마다 한마디씩 하고 있어요.

미로를 빠져나가 누구인지 이름을 □ 안에 쓰세요.

 나는 학교를 세우고 흥사단을 조직하는 등 교육과

안창호 (1878~1938) 독립운동가, 사상가

점진학교, 대성학교를 세워 인재를 길러 내었고, 흥사단을 결성하여 나라를 되찾는 데 필요한 인재 양성과 시민 교육에 힘을 썼

인재 양성에 힘을 썼어요. 미로를 빠져나가 만나 보세요.

어요. 양기탁, 신채호 등과 비밀 결사 조직인 신민회를 만들었고, 출판 기관인 태극회관과 도자기 회사를 설립하여 민족 산업을 육성하였어요. 상하이 임시 정부에서 내무 총장으로 독립운동을 하였어요.

 채소 종자와 벼 품종 개발에 힘을 쏟은 육종학자입니다. 누구인지 미로를 빠져나가 만나 보세요.

우장춘 (1898~1959) 육종학자

일본에서 육종(농작물의 품종 개량과 새 품종 개발) 연구를 하다 1950년 귀국하였어요. 그 후 채소 종자를 수입하지 않고 자급할 수 있도록 했으며, 우수한 벼 품종 개발로 우리나라의 농작물 산업과 경제를 일으키는 데 큰 공을 세웠어요.

 일본 천황을 암살하려고 수류탄을 던진 독립운동가입니다. 누구인지 미로를 빠져나가 만나 보세요.

이봉창 (1900~1932) 독립운동가

일본 천황을 암살할 계획을 세우고, 상하이 임시 정부의 김구를 찾아가 한인 애국단에 들어갔어요. 1932년 1월 8일, 일본 도쿄 교외에서 관병식을 마치고 돌아오는 일본 천황 히로히토에게 수류탄을 던졌지만 빗나가 실패하였어요.

상하이 훙커우 공원에서 열린 일본 전쟁 승리 기념식장에 폭탄을 던진 독립운동가는 누구일까요?

윤봉길 (1908~1932) 독립운동가

애국 운동을 벌이다가 일제의 눈을 피해 상하이로 가서 김구의 한인 애국단에 들어갔어요. 1932년 상하이 훙커우 공원에서 열린 일본 천황 생일 및 전쟁 승리 기념식장에 물병 모양의 폭탄을 숨겨 가지고 들어가 단상에 던졌어요. 이 폭발로 일본군 대장이 죽고 주요 인물들이 다쳤어요.

정답 : ④

 작곡가이며, 지휘자로 우리나라의 국가인 「애국가」를 작곡한 사람은 누구일까요?

안익태 (1906~1965) 「애국가」를 작곡한 작곡가, 지휘자

미국의 신시내티 교향악단에 동양인 최초의 첼리스트가 되었으며, 베를린 필하모닉 오케스트라, 빈 필하모닉 오케스트라, 로마 교향악단 등에서 지휘자로 활동하였어요. 1936년 우리 국가인 「애국가」를 작곡하였는데, 노랫말은 누가 지었는지 모른답니다.

②: 답정

 가난한 사람들에게 무료로 의술을 펼친 한국의 슈바이처는 누구일까요? 이름을 찾아 묶어 보세요.

윤	석	중	김	방	탄
신	사	임	당	정	인
정	장	기	려	환	경
주	시	경	정	중	부
최	치	원	장	영	실
이	제	마	윤	봉	길

장기려 (1911~1995) 의학자

평생을 무소유로 살면서 가난한 사람들을 위해 무료 진료 병원을 설립하고 운영하였어요. 우리나라 최초로 청십자 의료 보험 조합과 의료 보험 조합 직영 병원을 개설하여 영세민들이 의료 복지 혜택을 받을 수 있도록 한 '한국의 슈바이처'예요.

 담뱃갑 속 은종이나 책의 속지 등에 그림을 그린 화가의 이름과 작품 하나를 찾아 묶어 보세요.

미	술	가	다	숭	기
무	종	태	황	장	도
가	이	미	루	소	사
광	이	준	조	정	은
중	중	래	연	왕	계
민	섭	호	최	섭	신

이중섭 (1916~1956) 현대 화가

종이와 물감을 살 수 없을 정도로 가난하여 담뱃갑 속 은종이나, 합판, 책의 속지 등에 송곳, 철필, 연필, 크레파스 등으로 그림을 그렸어요. 향토적인 느낌의 「황소」「흰 소」「게」 등의 작품이 유명해요.

 나라 잃은 슬픔과 일제에 저항하는 시인의 고뇌를 노래한 나는 누구일까요?

영	공	부	수	누	인
문	학	운	동	후	경
과	고	일	뇌	쿠	찰
윤	광	복	항	오	샤
모	동	집	소	카	시
저	항	주	무	형	도

윤동주 (1917~1945) 시인

일본 도시샤 대학 영문과에서 공부하던 중 항일 운동을 한 혐의로 일본 경찰에 붙잡혀 후쿠오카 형무소에서 숨을 거두었어요. 광복 후 시집 『하늘과 바람과 별과 시』가 간행되었어요. 시는 주로 나라 잃은 슬픔과 일제에 저항하는 시인의 고뇌, 광복을 기다리는 간절함이 담겨 있어요.

세계적인 비디오 아티스트로 전위적이고 실험적인 공연과 전시로 유명한 행위 예술가는 누구일까요?

정	백	승	실	험	현
창	비	양	목	이	집
스	티	아	전	백	공
매	체	일	제	남	연
후	레	이	시	준	성
등	현	범	통	술	중

백남준 (1932~2006) 비디오 아티스트, 행위 예술가

비디오 아트(텔레비전을 이용한 현대 미술)를 창시한 세계적인 비디오 아티스트로, 전위적이고 실험적인 공연과 전시로 유명해요. 예술 표현 매체를 레이저 아트, 위성중계 작품 등으로 다양하게 넓힌 예술가예요.

 **우리나라 피겨 스케이팅 선수**로는 최초로 동계

자신 있고 당당하게!

출발

김연아(1990~) 전 국가대표 피겨 스케이팅 선수

2010년 밴쿠버 동계 올림픽에서 금메달을 획득하였고, 2014년 소치 동계 올림픽에서 은메달을 획득하였어요. 어떤 대회에서도 흔

올림픽에서 금메달을 딴 나는 누구일까요?

들리지 않는 강한 정신력의 소유자로, 음악 해석력과 표현력이 뛰어나며 정확하고 깔끔한 점프가 특징이에요. 피겨 퀸으로 불리며, 국민훈장 모란장, 체육훈장 청룡장을 받았어요.

숨 고르기!

 제시된 글을 읽고 **참인지, 거짓인지** 표시해 보세요.

	참	거짓
1 안창호는 흥사단을 조직하여 인재를 양성하였다.	☐	☐
2 일본 천황을 암살할 계획을 세우고 행동에 옮긴 독립운동가는 윤봉길이다.	☐	☐
3 윤봉길은 훙커우 공원 일본 전승 기념식장에 폭탄을 던졌다.	☐	☐
4 애국가를 작곡한 사람은 홍난파이다.	☐	☐
5 윤동주는 죽기 전에 시집 『하늘과 바람과 별과 시』를 펴냈다.	☐	☐
6 우장춘은 세계적인 육종학자이다.	☐	☐
7 백남준은 텔레비전을 이용한 비디오 아트의 창시자이다.	☐	☐
8 이중섭은 부유한 환경에서 그림을 그렸다.	☐	☐
9 장기려는 상류층을 위해 최신 의료 시설을 갖춘 병원을 개설했다.	☐	☐
10 김연아는 우리나라 피겨 스케이팅 선수로는 최초로 금메달을 땄다.	☐	☐

답: 1. 참 2. 거짓 3. 참 4. 거짓 5. 거짓 6. 참 7. 참 8. 거짓 9. 거짓 10. 참

 제시된 글을 읽고 참인지, 거짓인지 표시해 보세요.

참 　거짓

1 장기려는 한국의 슈바이처로 불린다. ☐ ☐

2 이중섭은 송곳, 철필, 연필 등으로 향토적인 그림을 그렸다. ☐ ☐

3 이봉창은 일본 천황을 암살할 계획을 세우고 실행했다. ☐ ☐

4 광복 후 윤동주의 시를 모아 『하늘과 바람과 별과 시』가 출간되었다. ☐ ☐

5 이중섭은 담뱃갑 속 은종이나 책의 속지에 그림을 그렸다. ☐ ☐

6 우장춘 덕분에 우리나라는 채소 종자를 수입하지 않게 되었다. ☐ ☐

7 윤동주는 일제에 저항하는 시인의 고뇌가 담긴 시를 지었다. ☐ ☐

8 이봉창은 일본 천황을 암살하기 위해 화살을 쏘았다. ☐ ☐

9 만주 지역의 우리나라 고대 역사를 연구한 사람은 신채호이다. ☐ ☐

10 안창호는 대성학교를 세워 독립을 위한 인재를 길러냈다. ☐ ☐

답: 1. 참 2. 참 3. 참 4. 참 5. 참 6. 참 7. 참 8. 거짓 9. 참 10. 참

우리나라를 빛낸 **100**명의
위인 왕 정답
퀴즈

13쪽

14쪽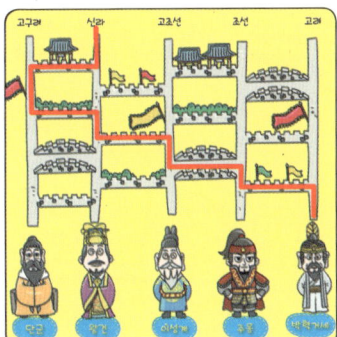

15쪽

18~19쪽

21쪽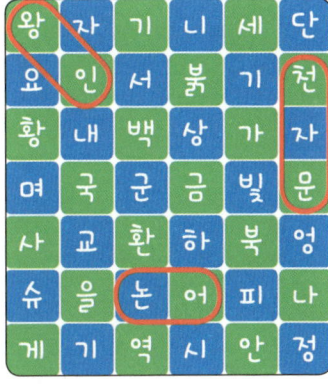

22~23쪽

25쪽

26쪽

28쪽

29쪽

30~31쪽

35쪽

32~33쪽

38쪽
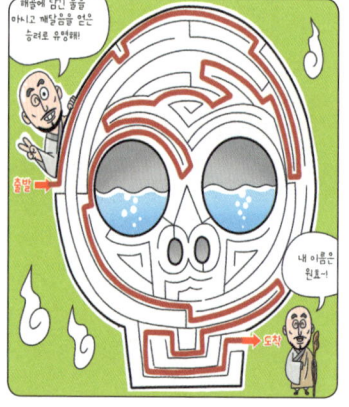

39쪽

40쪽

신	김	유	초	대	합
김	이	추	태	추	사
당	문	무	대	왕	릉
나	무	춘	라	연	군
백	왕	삼	격	멸	모
제	건	앙	꽃	신	말

41쪽

백	가	야	고	반	사
거	제	대	구	조	도
신	영	조	려	지	선
라	려	영	한	발	은
고	구	러	나	사	해
말	갈	족	라	쪽	로

42~43쪽

45쪽

46쪽

47쪽

52쪽
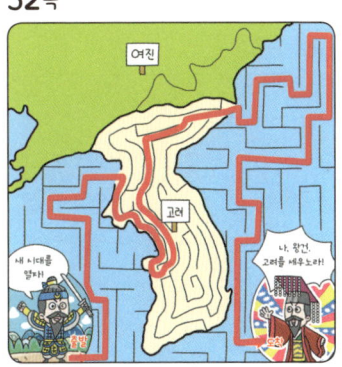

53쪽

55쪽

57쪽

58쪽

59쪽

61쪽
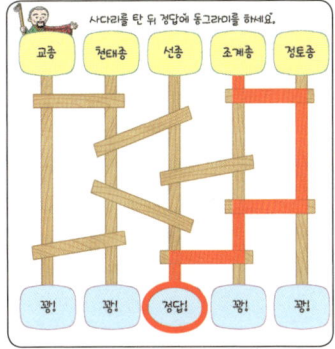

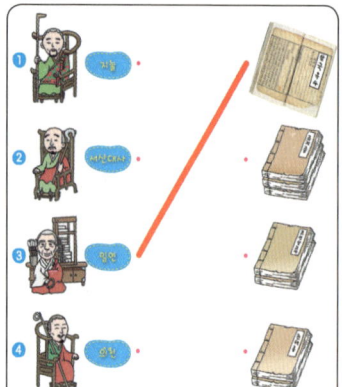

74~75쪽

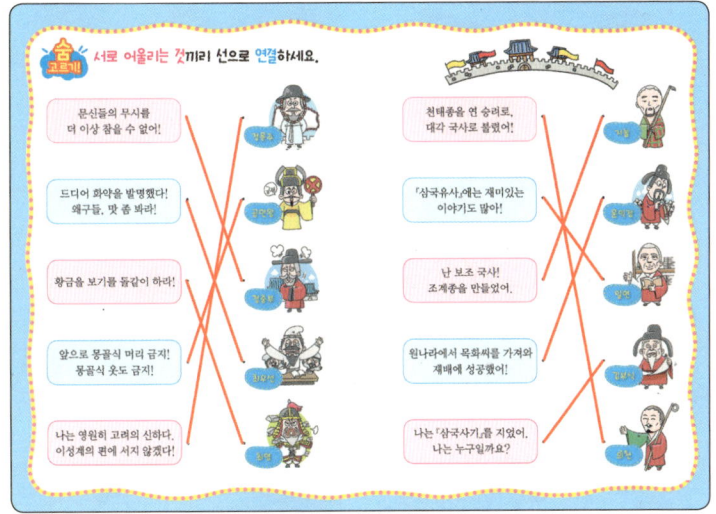

73쪽

78쪽

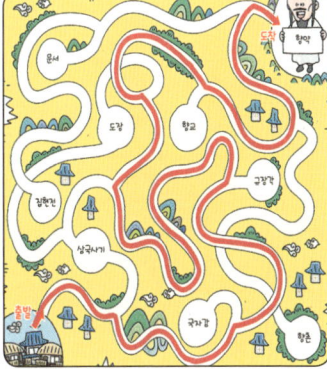

80~81쪽

86쪽

82~83쪽

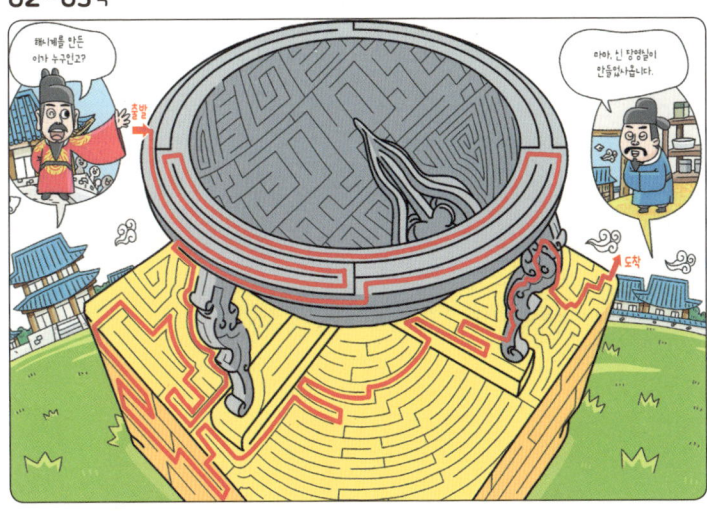

87쪽

88쪽

89쪽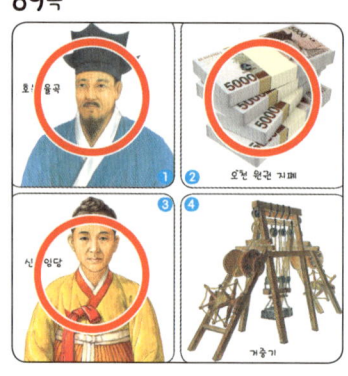

91쪽

93쪽

95쪽

96쪽

97쪽

100쪽

101쪽

109쪽

110쪽

111쪽

114~115쪽

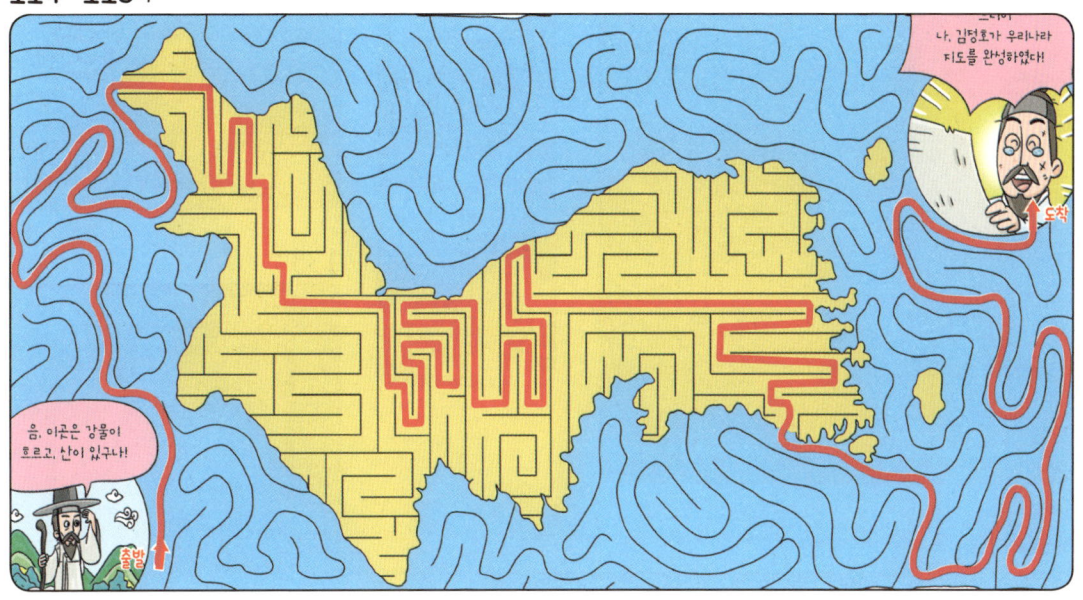

117쪽

118~119쪽

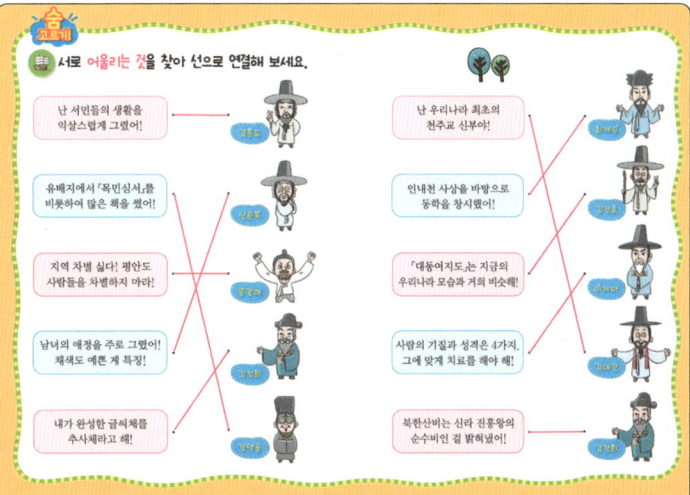

122쪽

123쪽

126쪽

124쪽

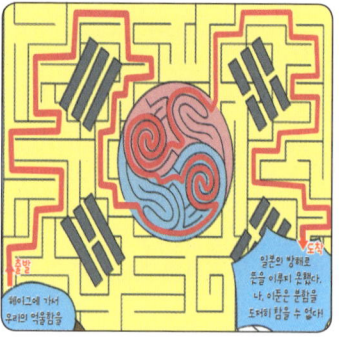

136~137쪽

141쪽

145쪽

147쪽

146쪽

148~149쪽

152쪽

150~151쪽

153쪽

156쪽

157쪽

158쪽

160~161쪽

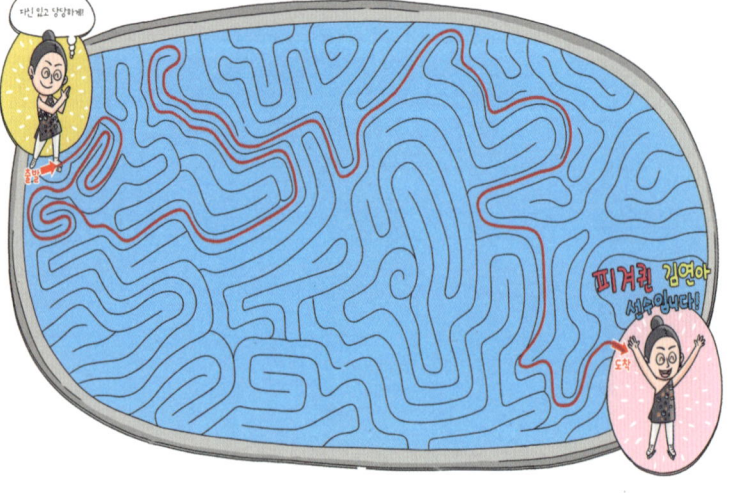

159쪽